Katja Nagel

Employer Branding

Katja Nagel

Employer Branding

Starke Arbeitgebermarken jenseits von Marketingphrasen und Werbetechniken

Mit sieben Fallbeispielen

Linde
international

Bibliografische Information der Deutschen Nationalbibliothek

Die Deutsche Nationalbibliothek verzeichnet diese Publikation in der Deutschen Nationalbibliografie; detaillierte bibliografische Daten sind im Internet über http://dnb.d-nb.de abrufbar.

ISBN 978-3-7093-0336-8

1210 Wien, Scheydgasse 24, Tel.: 0043/1/24 630
www.lindeverlag.de
www.lindeverlag.at

Umschlag: buero8
Satz: Hannes Strobl, Satz·Grafik·Design, 2620 Neunkirchen
Druck: Hans Jentzsch & Co. GmbH, 1210 Wien, Scheydgasse 31
1

Inhalt

Danksagung

Mein Dank gilt zunächst allen beteiligten Firmen und ihren Top-Managern: Ohne sie wäre es nicht möglich gewesen, die sieben Erfolgsfaktoren des Employer Brandings anhand konkreter und vor allem authentischer Fälle zu illustrieren und so eine Idee davon zu vermitteln, wie das theoretische Know-how in unternehmerische Praxis umgesetzt werden kann: Brigitte Ederer, Mitglied des Vorstands, Leitung Corporate Human Resources und Arbeitsdirektorin der Siemens AG, Hartmut Ostrowski, Vorsitzender des Vorstandes, CEO der Bertelsmann AG, Jürgen Wiesmaier, CEO der Compeople AG, Manfred Strauß, CEO der Omicron electronics GmbH, Angelika Dammann, Chief Human Resources Officer der SAP AG, Ulf Werkmeister, Vice President Human Resources der Unilever Deutschland Holding GmbH, Dr. Martin Wittig, CEO und Chairman der Roland Berger Strategy Consultants GmbH.

Ferner danke ich den jeweiligen Kommunikations- und Personalverantwortlichen, die ihre Erfahrungen mit mir geteilt haben: Thorsten Opderbeck, Head of Messages and Public Affairs, und Kerstin Wagner, Head of Talent Akquisition, Siemens AG, Dr. Nico Rose, Director Corporate Management Development der Bertelsmann AG, Jürgen Wiesmaier, Geschäftsführer, und Manuela Duft, Verantwortliche Unternehmenskommunikation der Compeople AG, Erica Fimpel, Human Resources Generalist, und Harald Dörler, Human Resources, Omicron electronics GmbH, Susanne Labonde, Global Head of Employer Branding der SAP AG, Melanie-Larissa Them, Leadership Development der Unilever Deutschland Holding GmbH, Per Breuer, Partner und Head of Global HR, Christiane Diekmann, Marketing Manager, und Kathrin Kammer, HR Manager bei der Roland Berger Strategy Consultants GmbH.

Ein großes Dankeschön gebührt auch Professor Dr. Dres. h.c. Arnold Picot, der mit seinem Kapitel zur Einführung einen sehr wertvollen Beitrag zu diesem Buch geleistet hat – und schließlich auch ein Plädoyer für ein systematisches und konsequentes Employer Branding geschrieben hat. Unermüdliche Helferin bei vielen Details war Yvonne Bauer.

Nicht zuletzt bedanke ich mich bei den Befürwortern dieses Buches: Thomas Marquardt, Personalvorstand der Infineon Technologies AG, und Rolf Schwirz, CEO der Fujitsu Region Central Europe, Middle East, Africa & India.

Dr. Katja Nagel

Vorwort

Name, Marke, Reputation, Vertrauen – das sind Schlüsselbegriffe für Orientierung und Komplexitätsreduzierung in einer Welt, die mehr denn je von Informationsflut, Medien, Vernetzung und intangiblen Eigenschaften der Sach- und Dienstleistungen geprägt wird. Branding ist daher seit langem ein fester Bestandteil von Marketing und Unternehmenskommunikation. Wissenschaft und Praxis betreiben erheblichen Aufwand, die Wirkung von Marken besser zu verstehen sowie Markenstrategie und Markenmanagement zielorientiert zu gestalten.

Weniger intensiv wird dagegen in Theorie und Praxis untersucht, inwiefern Branding auch für andere Funktionsbereiche des Unternehmens fruchtbar zu machen ist, also etwa für die Beziehungen zum Lieferanten- oder Kapitalmarkt, aber eben auch zu den verschiedenen Segmenten des Arbeitsmarktes. Bei dem letzten Aspekt setzt das vorliegende Buch an. Warum ist es wichtig, gerade im Bereich der Human Resources dem Branding wesentlich mehr Aufmerksamkeit zu widmen? Ich möchte vier miteinander verbundene Gründe hervorheben, deretwegen eine überzeugende und nachhaltige Markenstrategie im Personalbereich, also Employer Branding, immer dringlicher wird:

1. Der demographische Wandel führt zu Engpässen auf dem Arbeitsmarkt, besonders beim Nachwuchs, mit der Folge, dass der Wettbewerb um jüngere Arbeitskräfte zunimmt. In diesem Wettbewerb können sich Arbeitgeber mit einem klaren Markenprofil besser durchsetzen.
2. Die europäische Integration lässt einen europäischen Arbeitsmarkt entstehen, der vielfältiger und schwerer überschaubar ist als traditionelle regionale Arbeitsmärkte. Will man in einem derart veränderten Umfeld Aufmerksamkeit erzielen, bedarf es einer überzeugenden Signalisierung durch Branding. Diese Arbeitsmarktentwicklungen reichen vermehrt weit über die Grenzen Europas hinaus, vor allem auch nach Asien.

3. Neue Produktions- und Produkttechnologien, innovative Serviceansätze sowie Automatisierung, Digitalisierung, Vernetzung und auch Entmaterialisierung von Wertschöpfungsprozessen verlangen hochqualifizierte und motivierte Fachkräfte, die durch ein glaubwürdiges, markengestütztes HR-Profil eher angezogen und gebunden werden können („war for talents").
4. Mitarbeiter und Partner von Unternehmen sind heute mehr denn je kommunikativ vernetzt – untereinander sowie mit diversen Dritten, etwa in Social Networks. Dabei findet häufig auch intensiver Austausch über Arbeitgeber, Personalpolitik, Beschäftigungserfahrungen u.ä. statt. Vor diesem Hintergrund ist ein nachhaltiges, authentisches und tragfähiges Employer Branding von größter Bedeutung. Die Verletzlichkeit von Reputation durch (halb)öffentliche Kommunikation steigt unter diesen Bedingungen genauso wie die Möglichkeit der Erzeugung und Stabilisierung eines hohen HR-Ansehens in der Öffentlichkeit.

Daher ist die vorliegende Schrift sehr zu begrüßen. Sie kommt zum richtigen Zeitpunkt, denn der angedeutete Wandel der Personalsituation intensiviert sich gerade jetzt. Dabei geht es um weit mehr als ein konjunkturelles, sondern um ein andauerndes strukturelles Phänomen. Die Verfasserin stützt sich bei ihrer anschaulich und praxisnah verfassten Ausarbeitung auf eine breite Erfahrungsbasis in Fragen der internen und externen Unternehmenskommunikation. Sie unterlegt ihre Erkenntnisse und Empfehlungen mit zahlreichen Fallbeispielen. Dem Buch ist eine breite Resonanz vor allem in der Praxis und in der Ausbildung zu wünschen. Denn es unterstützt die Erhaltung und Weiterentwicklung des eigentlichen Kapitals der Unternehmen im Wettbewerb – motivierte, identifizierte und fachlich qualifizierte Beschäftigte.

Prof. Dr. Dres. h.c. Arnold Picot

1 Einleitung

„Tell me again: Why would someone really good want to join your company? And how will you keep them for more than a few years?"

(Elizabeth G. Chambers, Mark Foulon, Helen Handfield-Jones, Steven M. Hankin, Edward G. Michaels III, 2001)

Der Begriff Talent

In Europa wurde der Begriff „War for Talent" 1998 von den Autoren Chambers, Foulon, Handfield-Jones, Hankin und Michaels in ihrem Artikel in McKinsey Quarterly No. 3 geprägt. Die Frage, was Talent ist, beantworten sie folgendermaßen: „Better talent is worth fighting for. At senior levels of an organization, the ability to adapt, to make decisions quickly in situations of high uncertainty, and to steer through wrenching change is critical."[1] Dass Unternehmen Menschen mit diesen Fähigkeiten tatsächlich brauchen, ist inzwischen fast unumstritten. Dennoch möchte ich für meine Arbeitsdefinition von Talent noch einen Schritt weitergehen: Es geht nicht nur um fähige, erfahrene Menschen, sondern auch und gerade um junge Menschen, die besagte Fähigkeiten in sich vereinen: Anpassungsfähigkeit, Entscheidungsfähigkeit und die Fähigkeit, eine Organisation durch umfassende Veränderungsprozesse zu führen.

[1] Vgl. Chambers, E., Foulon, M., Handfield-Jones, H., Hankin, S., Michaes, E., The war for talent, S. 1.

Die Wirtschaftskrise schien die Verhältnisse ein wenig umzudrehen: War for Jobs statt War for Talent? Die Wahrheit ist, dass die Wirtschaftskrise nur vorübergehend die fundamentalen Kräfteverhältnisse umzudrehen schien. Denn der verstärkte Wettbewerb ist – bedingt durch drei Megatrends – unaufhaltsam: Soziodemografischer Wandel, die Entwicklung hin zur Wissensgesellschaft, also die zunehmende Wertschöpfung in wissensintensiven statt arbeitsintensiven Bereichen in Europa, und die Internationalisierung des Arbeitsmarkts fordern ihren Tribut.

Die Ökonomie Europas wird sich nur wettbewerbsfähig weiterentwickeln können, wenn sie mit einer kritischen Masse an begabten jungen Menschen und fähigen erfahrenen Mitarbeitern ausgestattet sein wird. Mit anderen Worten: Unternehmerischer Erfolg wird in unserer Wirtschaft zunehmend bestimmt werden von den richtigen Menschen mit den richtigen Fähigkeiten. Der wesentliche Produktivfaktor des Unternehmens in diesem Jahrhundert heißt nicht mehr Land, Kapital oder Arbeit – er heißt Talent.

In Deutschland nehmen wir das Wort Talent nicht gerne in den Mund – zu sehr fürchten wir, uns mit der Vergabe dieses Prädikats der Diskriminierung schuldig zu machen: Ist nicht jeder ein Talent? Hat nicht jeder Talent? Diese Diskussion ist leider ein Irrläufer unseres demokratischen Denkens: Grundsätzliche Gleichwertigkeit einerseits, die in Gleichbehandlung münden muss, und Gleichartigkeit andererseits sind nicht das Gleiche. Talent im unternehmerischen Sinne meint jene Menschen, die mit den eben genannten besonderen Gaben für die Entwicklung der Unternehmen in eine erfolgreiche Zukunft ausgestattet sind. Das bedeutet nicht, dass ein Unternehmen keine anderen Begabungen mehr braucht. Es bedeutet aber genauso wenig, dass einfach jeder ein Talent ist.

Europas Unternehmen in der Talentkrise?

Europa befand sich als Wirtschaftsmacht und als Gesellschaft schon vor der Weltwirtschaftskrise in einem tief greifenden und multidimensionalen Veränderungsprozess. Vier große Trenddimensionen, Mensch, Wirtschaft und Gesellschaft, Technik und Human Resources, lassen die Bedeutung des Themas weiter wachsen.

Nach dem Wegbrechen religiöser Inhalte und gesellschaftlicher Normen im nationalen Kontext suchen Menschen den Sinn ihres Lebens zunehmend im Arbeitsumfeld. Die Mobilität unserer zwischenmenschlichen Interaktionen lässt die Kommunikations- und damit die Wortflut weiter steigen und führt so zwangsläufig zu Ermüdungserscheinungen – gerade gegenüber pauschalen Worthülsen und werblich anmutenden Botschaften in den unterschiedlichen Medien. Die gewachsene Bedeutung sozialer Netzwerke wie Facebook, Business-Netzwerken wie XING und Internetplattformen wie Kununu führt durch ungeplante und ungewollte Multiplikatoreneffekte zu einem Kontrollverlust der klassischen externen Kommunikation. Zumal diese Botschaften auf zunehmend mündige und emanzipierte Arbeitnehmer treffen, die sich fragen: Was will ich wirklich? Was soll aus mir werden?

In Sachen Technik haben wir es mit einer stetig wachsenden Mediennutzung zu tun: Laut der ARD/ZDF-Online-Studie 2010 konsumieren die Deutschen täglich 508 Minuten Radio, TV und Internet, 100 Prozent der 14- bis 19-Jährigen in Deutschland bewegen sich im World Wide Web. Entgegen früherer Befürchtungen kannibalisieren sich die Medien jedoch nicht, sondern werden komplementär genutzt – sie prägen die Einstellungen der Menschen im Verbund, die Cross-Medialität schreitet voran: Immer häufiger werden Stellenanzeigen, Internetauftritte und Imagebroschüren miteinander abgeglichen und auf Konsistenz der Botschaften und der Darstellung überprüft. Die Vielfalt an Informationsbeschaffungsmöglichkeiten für Arbeitsuchende nimmt zu, und mit ihr die Transparenz von Stellenangeboten: Abgrenzung zum Wettbewerb, der ebenfalls um die Einstellung von Talenten ringt, tut not.

Tatsächlich findet diese aber nicht statt: Alle Unternehmen suchen „Talente“ oder „High Potentials“. Studiert man branchen- und medienübergreifend Stellenausschreibungen und Anzeigen, stellt man sich unweigerlich die Frage: Handelt es sich um eine Inflation der Begriffe oder um einen wirklichen Anspruchsanstieg? Fakt ist, dass sich jeder potenzielle Bewerber gerne als „Talent" oder „High Potential" angesprochen fühlt. Sicher ist aber auch, dass Differenzierung auf diese Art und Weise nicht stattfinden kann – Differenzierung wird zur Mangelware. Die über sämtliche Branchen hinweg obligatorischen Schlagworte von Sorgfalt und Engagement, Disziplin und Umsetzungsstärke, Verantwortungsbewusstsein und Freundlichkeit haben ihren Zauber verloren und sind zu Worthülsen verkommen. Es bedarf mehr, um auf dem rückläufigen Bewerbermarkt eines überalternden Europas erfolgreich Talent zu rekrutieren – auch angesichts der Aspirationen in Wachstumsmärkten wie Indien und China: Dort wächst der Bedarf an jungen und fähigen Mitarbeitern.

Aber auch die Prozesse rund um Bewerbungen ändern sich: Die Arbeitsplatzsuche wird immer bedeutender für aufstrebende junge Menschen und folglich mit immer mehr Sorgfalt betrieben. Zudem ist ein Arbeitsplatz nicht mehr „Lifetime-Employment". Dadurch nimmt zwar die Risikoaffinität auf beiden Seiten zu, aber auch die Loyalität auf beiden Seiten ab. Für Unternehmen bedeutet diese Entwicklung ein erhöhtes Arbeitsvolumen im Recruiting, um kontinuierlich Bewerber durch die Organisation schleusen zu können. In Ermangelung wirklicher Differenzierung in unserer Welt des Identitätsverlusts wird das Bedürfnis, durch die Arbeitsplatzwahl sich selbst zu zelebrieren und zu illustrieren, größer. Sag mir, wo Du arbeitest – und ich sag Dir, wer Du bist.

Mit anderen Worten: Europas Unternehmen geraten unausweichlich in die Talentkrise, Employer Branding und Talentmanagement gewinnen nicht nur an Bedeutung, sie werden erfolgskritisch. Die gute Nachricht dabei: Die Unvermeidbarkeit dieser Entwicklung bedeutet nicht ihre unternehmerische Unbeherrschbarkeit. Unternehmerische Verantwortung heißt letztlich nichts anderes, als aktiv Wege zu suchen und zu gestalten. Für den Unternehmenslenker wie für den Fachexperten im Personal- und Kommunikationsbereich will dieses Buch effektive Wege für ein erfolgreiches Employer Branding in das Zentrum der Betrachtung rücken.

Motivation für dieses Buch

Meine persönliche Motivation, dieses Buch zu schreiben, entspringt dem Wunsch, das Thema in der Öffentlichkeit ganzheitlich betrachtet zu wissen, um Unternehmen eine reale Chance zu geben, Employer Branding willentlich und wissentlich zu managen. Es gibt sie, die Unternehmen, die sich konsequentes und systematisches Employer Branding auf die Fahnen geschrieben haben und Erfolgsgeschichten erzählen. Sieben dieser Unternehmen stelle ich in diesem Buch vor, sieben Fallbeispiele, die stellvertretend stehen für je einen der sieben Erfolgsfaktoren des Employer Brandings. Im klar abgegrenzten Bezugsrahmen dieser sieben Erfolgsfaktoren soll dieses Buch Antworten liefern auf Fragen nach dem Vorgehen, nach den Methoden und nicht zuletzt nach erfolgreichen Beispielen von gelungenem Employer Branding.

Zielsetzung und Struktur des Buches

Dieses Buch ist ein Buch für die Praxis, das Unternehmen und Unternehmern in aller Klarheit nachvollziehbare, konkrete und umsetzbare Handlungsoptionen liefert. Freilich liegt jeder Fall anders und keine Ausgangslage gleicht der anderen ganz, sicher aber gibt es übertragbare Erfolgsrezepte – und diese werden hier präsentiert. Was dieses Buch vorstellt, ist in der Praxis erprobt. Was dieses Buch empfiehlt, haben Unternehmen – vom Start-up bis zum DAX-Konzern – über Branchen und Standorte hinweg schon erfolgreich durchgeführt.

Kapitel 2 beschreibt die Disziplin des Employer Branding an sich, mein Grundverständnis von einer vitalen Arbeitgebermarke und ihre grundsätzlichen Spezifika. Kapitel 3 charakterisiert sieben Erfolgsfaktoren, die, am besten zusammen angewendet, die Erfolgsaussichten und den Wirkungsgrad von Employer Branding fundamental verbessern. Aus jedem dieser sieben Erfolgsfaktoren werden anschließend grundsätzliche Empfehlungen für die Kommunikations- und Personalarbeit abgeleitet. Möglichkeiten zur konkreten Umsetzung werden dann am jeweiligen Unternehmensbeispiel illustriert. Kapitel 4 beleuchtet die Übertragbarkeit der Ergebnisse auf andere Länder und deren Geschäftskulturen, auf verschiedene Branchen und Firmen unterschiedlicher Größenordnung. Kapitel 5 ist schließlich ein Appell an Führungskräfte und Unternehmer.

2 Grundlagen des Employer Branding

2.1 Grundverständnis

Vier zentrale Thesen prägen das in diesem Buch vorgeschlagene Vorgehen. Sie werden im Folgenden kurz vorgestellt.

Employer Branding ist Markenführung

Employer Branding verankert das Image als Arbeitgeber in den Köpfen bestehender und potenzieller Mitarbeiter und bewirkt, dass sie das Unternehmen als einzigartig und attraktiv wahrnehmen. Employer Branding ist die Aufbauarbeit hin zu einem starken Employer Brand. Einen Employer Brand hat jedes Unternehmen, ungeachtet seiner Markenführung. Die Markenführung dient dazu, diesen Aspekt der Marke zielorientiert aufzuladen.

Employer Branding ist Nutzenargumentation

Employer Branding ist aber mehr als reine Image- und Markenwerbung, denn wir alle sind übersättigt von werbenden Botschaften, die letztendlich rein affirmativen Charakter haben. Es geht neben Reputation auch um Nutzenargumentation: funktioneller, wirtschaftlicher und psychologischer Nutzen, bei einem Arbeitgeber beschäftigt zu sein.

Employer Branding ist Touchpoint-Management

Es muss auch gelingen, alle Berührungspunkte der Zielgruppe mit dem Unternehmen zu managen: Das Unternehmen muss an diesen

Berührungspunkten jene Versprechen halten, die potenziellen Mitarbeitern nach außen gegeben werden – konsistent und glaubwürdig. Diese Berührungspunkte liegen nicht nur innerhalb des Recruiting-Prozesses, sondern auch außerhalb.

Employer Branding ist intern und extern

Der Erfolg eines Employer Brand ist das Ergebnis aller Employer-Branding-Bemühungen: Dabei geht es nicht nur darum, nach außen attraktiv zu sein, um Bewerbungen anzuregen, sondern auch darum, attraktiv zu bleiben, damit Bewerber zusagen und gewonnene Mitarbeiter bleiben. Mitarbeiter sind außerdem die glaubwürdigsten Testimonials eines Unternehmens – ein weiterer Grund, auch die Mitarbeiter als Zielgruppe zu betrachten.

Kurzum: Employer Branding bedeutet, ein Versprechen zu geben (nach innen und nach außen) und es auch zu halten: im Bewerbungsprozess, aber auch an allen anderen Berührungspunkten mit dem Unternehmen. Die folgende Abbildung zeigt den Zusammenhang nochmals schematisch.

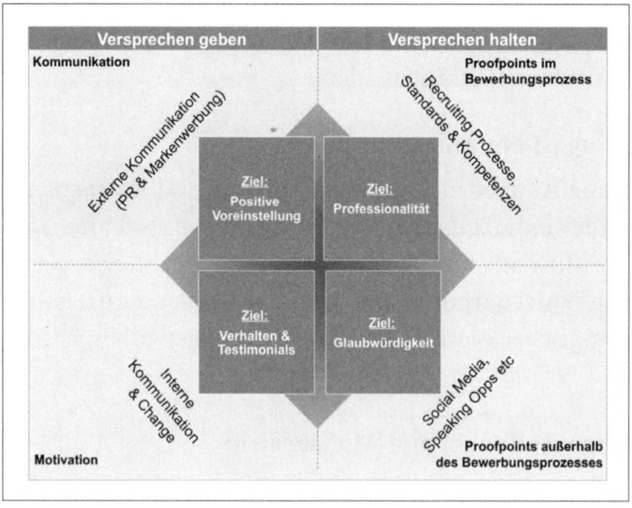

Abbildung 1: Das Employer-Branding-Denkmodell

2.2 Arbeitsdefinitionen

2.2.1 Aufgabe und Abgrenzung

Employer Branding

Employer Branding hat die Aufgabe, ein in den Augen der Bewerber und Mitarbeiter vom Wettbewerb differenziertes und damit einzigartiges Image aufzubauen und zu pflegen, mit dem Ziel, eine Prädisposition zu schaffen und/oder zu verstärken, für das Unternehmen zu arbeiten. Image wird hier verstanden als Einstellungskonstrukt, basierend auf Informationen, Kommunikation und Erfahrungen. Einstellungen führen zu Verhalten, zu Tun ebenso wie zu Unterlassen.

Talentmanagement

Talentmanagement wird in diesem Buch als die Aufgabe verstanden, den gesamten Prozess vom Recruiting über die Einarbeitung bis zur

Aufgaben	Inhalt	Schwerpunkt
1.	Mitarbeiter gewinnen	Employer Branding
2.	Mitarbeiter binden: • MA möchten langfristig im Unternehmen bleiben • MA empfehlen ihren Arbeitgeber weiter	Talent Management
3.	Mitarbeiter motivieren: • MA glauben an die Produkte des Unternehmens • MA unterstützen Ziele und Werte des Unternehmens • MA sind stolz darauf, zum Unternehmen zu gehören • MA geben ihr Bestes	Employer Branding + Talent Management

Abbildung 2: Die Aufgaben des Employer Branding

Retention konsequent zu steuern mit dem Ziel, einen beständigen und konkreten Strom an Bewerbungen für die unterschiedlichen Stellen sicherzustellen, diese Bewerber einzustellen und anschließend zu binden. In dieser Definition schafft Employer Branding die Voraussetzungen für ein effektives Talentmanagement. In Abbildung 2 sind die Aufgaben nochmals dargestellt, zusammen mit dem Schwerpunkt: Employer Branding bzw. Talentmanagement.

Arbeitgebernutzen statt Produktnutzen: Employer Value Proposition

Employer Branding ist jener Teil aller Bemühungen eines Unternehmens um Markenbildung, der Mitarbeiter und Bewerber als Zielgruppe hat und die Aspekte des Werteversprechens in den Mittelpunkt rückt, die den Nutzen und die Vorteile als Arbeitgeber beinhalten. Dieses Werteversprechen an potenzielle und bestehende Mitarbeiter des Unternehmens, häufig als Employer Value Proposition (kurz EVP) bezeichnet, ist der Kern des Employer Brands. Hier

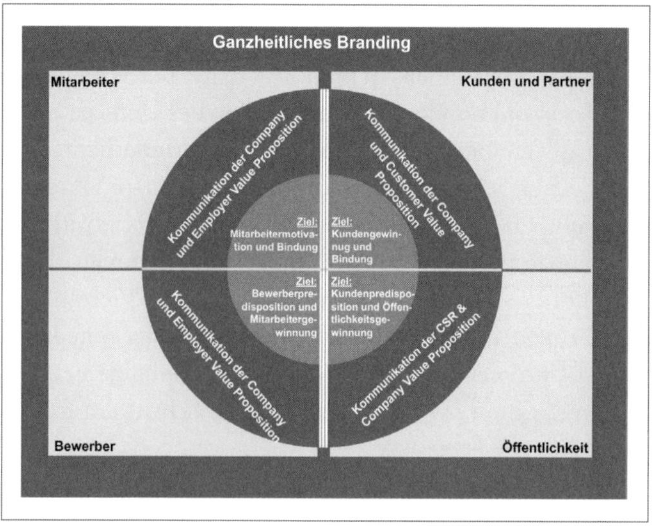

Abbildung 3: Das gesamtheitliche Branding eines Unternehmens

kommt die Differenzierung ins Spiel: Die Employer Value Proposition ist umso wertvoller in der Positionierung, je mehr Differenzierung vom Wettbewerb sie zulässt.

Employer Branding als Teil der Unternehmensmarke

Employer Branding ist somit Teil der Gesamtmarkenstrategie eines Unternehmens. Abbildung 3 veranschaulicht dies.

2.2.2 Prozess

Der schematische Prozess für potenzielle Bewerber

Auf dem Weg vom potenziellen Bewerber zum leistungsbereiten Mitarbeiter lassen sich fünf wesentliche Prozessschritte ausmachen: Assoziation und Bekanntheit – Präferenz und Imagebildung – Aktion im Recruiting-Prozess – Reaktion im Recruiting-Prozess – Bindung an das Unternehmen. Im ersten Schritt geht es darum, dem pozentiellen Bewerber Wissen über die Qualitäten des Unternehmens als Arbeitgeber zu vermitteln und dieses Wissen mit passenden und konsistenten Erfahrungen zu verknüpfen. Am Anfang steht die Wiedererkennung: Die Bekanntheit des Unternehmens beim potenziellen Bewerber steigt, Anzeigen und andere kommunikative Maßnahmen des Unternehmens werden bewusster als zuvor wahrgenommen und verinnerlicht. Daraus resultiert im zweiten Schritt – sofern die vermehrten Kontakte und Erfahrungen hinsichtlich ihrer Qualität und Relevanz als positiv bewertet wurden – eine Präferenzbildung für dieses Unternehmen als Arbeitgeber[2]. Diese Präferenzbildung beruht also auf einer Vielzahl von allgemeinen Berührungspunkten und Erfahrungen, die der potenzielle Bewerber mit dem Unternehmen hat, unter Umstände lange bevor es zu einer Bewerbung kommt. Wenn nun im dritten Schritt ein Reiz in

[2] Eine detaillierte Erläuterung zu Präferenzbildung als Prozess liefert Beck, Ch., Personalmarketing 2.0, S. 22 ff., wenngleich der Prozess mit einem anderen Modell arbeitet als dieses Buch.

Form einer Stellenanzeige gesetzt wird, löst dieser Reiz eine vom Unternehmen erwünschte Reaktion aus: Der Stellensuchende ist interessiert und bewirbt sich. Mit der positiven Prädisposition geht der Kandidat nun durch den Recruiting-Prozess, der ihn hoffentlich in seiner Präferenz für das Unternehmen bestärkt. Dies wird dann der Fall sein, wenn auch im Recruiting-Prozess selbst alle Berührungspunkte mit dem Unternehmen konsistent sind mit den zuvor vom Unternehmen in dessen Selbstdarstellung proklamierten Vorzügen, sichtbar durch den Prozess selbst, aber auch durch die handelnden Menschen auf Seiten des Unternehmens. Wird der Kandidat eingestellt, sorgen im Idealfall die Einarbeitung, aber auch die Beschaffenheit der konkreten Stelle dafür, dass die Erwartungen entsprechend den Ankündigungen erfüllt werden und aus dem Neuankömmling ein engagierter und dem Unternehmen verbundener Mitarbeiter wird. Damit amortisieren sich die Kosten für Ausbildung und Einarbeitung auf Seiten des Unternehmens und die Fähigkeiten des Talents entfalten sich – zur Freude beider Seiten. Die folgende Abbildung fasst diesen Prozess nochmals zusammen.

	Prozess-Schritt	Beschreibung
1.	Abgleich	Unternehmen wird mit Erfahrung und Wissen verknüpft (außerhalb des Bewerbungsprozesses)
2.	Präferenz	Unternehmen mit relevanten und positiven Assoziationen belegt: • Einstellung wird gebildet • Differenzierung wird gelernt
3.	Motivation	Positive Prädisposition für Bewerbung mündet in Aktion der Bewerbung
4.	Bindung	Positive Verstärkung der Präferenz durch Erfahrungen im Bewerbungsprozess
5.	Botschafter	Bewerber und Unternehmen einigen sich auf Einstellung

Abbildung 4: Der Prozess des Employer Branding für Bewerber

Der schematische Prozess für Mitarbeiter

Die Menschen im Unternehmen durchlaufen ihren eigenen Prozess in den Schritten Abgleich – Präferenz – Motivation – Bindung – Botschafter. Im ersten Schritt gleichen die Mitarbeiter die externe Kommunikation mit der internen Kommunikation zum einen, und mit dem erlebbaren Arbeitsumfeld, der Kultur, dem Miteinander zum anderen ab. Im Bestfall erleben sie das Unternehmen so, wie es sich selbst nach innen und außen darstellt. Das sorgt im zweiten Schritt für Präferenzbildung für den eigenen Arbeitgeber, sofern dieser Abgleich auf relevanten und als positiv empfundenen Kriterien beruht. Im dritten Schritt entsteht daraus Motivation. Über die Zeit hinweg entwickelt sich Bindung zum Unternehmen: Mitarbeiter verbleiben loyal und leistungsorientiert im Unternehmen. Im Idealfall fungieren sie so als Botschafter ihres Unternehmens für die Anwerbung weiterer Kandidaten. Die folgende Abbildung zeigt den Prozess.

	Prozess-Schritt	Beschreibung
1.	Abgleich	Mitarbeiter gleicht die externe Kommunikation mit der internen Kommunikation sowie dem erlebbaren Arbeitsumfeld, der Kultur und dem Miteinander ab
2.	Präferenz	Sind externe Kommunikation und interne Abläufe deckungsgleich und üben einen positiven Einfluss auf den Mitarbeiter aus, entsteht eine Präferenz
3.	Motivation	Verfestigt sich die Präferenz inhaltlich und zeitlich, entsteht Motivation
4.	Bindung	Mit der Zeit entwickelt sich eine Bindung zum Unternehmen: Mitarbeiter verbleiben loyal und leistungsorientiert
5.	Botschafter	Im Idealfall fungieren Mitarbeiter als Botschafter für weitere Kandidaten

Abbildung 5: Der Prozess des Employer Branding für Mitarbeiter

Die Tücken im Prozess

Soviel zu dem Spiel, wenn alles nach Plan verläuft. Leider hat der oben beschriebene Idealprozess durchaus seine Tücken: Viele Sollbruchstellen entstehen durch eine mögliche Diskrepanz zwischen Worten und Taten. In jedem einzelnen Prozessschritt herrscht somit eine systemimmanente Volatilität durch mögliche Inkonsistenzen. Dieser Tatbestand hat zur Folge, dass Employer Branding nichts anderes ist, als das permanente Abgleichen von kommunikativer Proklamation und faktischer Umsetzung, ausgerichtet an der Zielgruppe und basierend auf dem Erbe und den Stärken des Unternehmens.

2.2.3 Ergebnis und Nutzen

Employer Branding lädt den Employer Brand zielgerichtet auf

Employer Branding schafft also durch den Aufbau einer Arbeitgebermarke, des Employer Brands, die Voraussetzungen für Talentmanagement. Das Ergebnis im engeren Sinne ist demnach die inhaltliche und emotionale Aufladung der Unternehmensmarke hinsichtlich Gütekriterien als Arbeitgeber. Folgerichtig muss ein effektiveres Talent-Recruiting, ein größeres Engagement der Mitarbeiter und eine stärkere Loyalität der Arbeitnehmer das Ergebnis im weiteren Sinne sein.

Employer Branding steigert die Unternehmensleistung

Gelungenes Employer Branding und effektives Recruiting sorgen aber auch für mehr Leistung im Unternehmen und somit für größeren Unternehmenserfolg. Eine gute Reputation als Arbeitgeber senkt auf Seiten des Employer Brandings die Fluktuation, steigert die Produktivität und erhöht gegebenenfalls die Qualität der Arbeit. Die Steigerung von Effektivität und Effizienz auf Seiten des Recruitings wiederum zahlt gleichfalls auf eine Erhöhung der Leistungsfähigkeit eines Unternehmens ein. Die folgende Abbildung stellt die Wirkungskette dar.

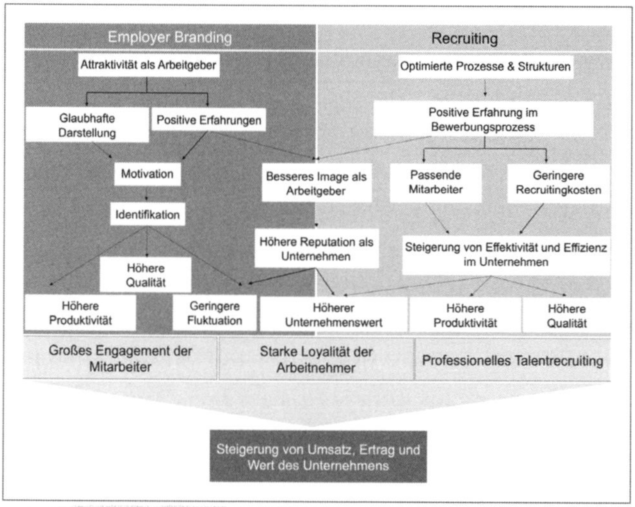

Abbildung 6: Die Wirkungskette von Employer Branding und Talentmanagement

Employer Brand erhöht den Unternehmenswert

Laut Handelsblatt bezahlte Nicolas Berggruen für den Karstadt-Konzern einen einzigen Euro – für die Markenrechte an Karstadt jedoch 5 Millionen Euro. Wie Branding im Allgemeinen trägt auch Employer Branding als Teildisziplin eines professionellen Markenmanagements durch eine starke Arbeitgebermarke zu einer Steigerung des Unternehmenswertes bei.[3] Der Markenwert wird laut einer Studie der Wirtschaftsprüfungs- und Beratungsgesellschaft PricewaterhouseCoopers immer mehr als Teilmenge des Unternehmenswertes verstanden: „Starke Marken werden für deutsche Unternehmen immer wichtiger und bestimmen zunehmend den Erfolg“. Demnach trägt der Markenwert mehr als zwei Drittel zum durchschnittlichen Unternehmenswert bei.[4]

---

[3] Siehe auch Barrow, S., Mosley, R., Internes Brand Management S. 97 ff.

[4] Vgl. PricewaterhouseCoopers AG, Studie zum Markenwert, 7. April 2006, www.marketingmarktplatz.de.

Nutzen für beide Seiten

Markenbildung stiftet Nutzen. Und Nutzen entsteht durch einen starken Employer Brand sowohl für das Unternehmen als auch für den Konsumenten, in diesem Fall für den potenziellen Arbeitnehmer während seines Selektionsprozesses.[5] Der Arbeitgeber erreicht Emotionalisierung, Differenzierung, Präferenzbildung und am Ende eine konsumentenseitig positive Prädisposition für sein Unternehmen. Zudem kann er, auch wenn man darüber weniger spricht, durch seine höhere Attraktivität am Arbeitsmarkt andere Gehälter durchsetzen als ein aus Bewerberperspektive unattraktives Unternehmen. Ein Gehalt ist in diesem Sinne nichts anderes als ein Preis und unterliegt dem gleichen Mechanismus von Angebot und Nachfrage. Heuert ein Bewerber bei einem renommierten Unternehmen an, gewinnt er damit mehr als nur eine monatliche Vergütung: Er erwirbt dadurch Orientierung, Wiedererkennung, Identifikation, aber auch Rationalisierung, Sicherheit, Vertrauen und nicht zuletzt Prestige. Insbesondere die subjektiv empfundene Unsicherheit, ob das gewählte Unternehmen der richtige Arbeitgeber ist, wird reduziert. Und auch wenn hierüber ebenfalls nicht sehr gerne gesprochen wird: Es ist eine Tatsache, dass für eine erhöhte Sicherheit auch ein niedrigeres Gehalt in Kauf genommen wird. Schließlich geht es für den Bewerber ja nicht um Geld allein, sondern um das Gesamtpaket des Angebots. Zu den Einzeldimensionen dieses Angebotspakets komme ich im folgenden Kapitel.

[5] Definitionen in der Literatur beschreibt Stotz, W., Wedel, A., S. 8/9, vgl. alternative Darstellungen der Funktionen und des Nutzens eines Employer Brands bei Wiese, D., Employer Brand, S. 30.

2.3 Endogene Einflussfaktoren

Commodity oder Differenzierung?

Unter „Treibern“ sollen in diesem Buch die endogenen Faktoren verstanden werden, die – vom Unternehmen gewollt oder ungewollt und der jeweiligen Person bewusst oder unbewusst – Einfluss haben auf die Einschätzung der Arbeitgeberattraktivität eines Unternehmens durch potenzielle Bewerber, aktuelle Kandidaten und Mitarbeiter.[6] Generell lassen sich die endogenen Faktoren in Hygiene- und Differenzierungsfaktoren unterteilen, je nachdem ob sie in der Anspruchshaltung der Zielgruppen als selbstverständlich oder als tatsächlicher Mehrwert gegenüber anderen Arbeitgebern eingeschätzt werden. Diese Unterscheidung ist insofern wichtig, als ein Arbeitgeber bei der Selektion seiner eigenen Attraktivitätsfaktoren berücksichtigen muss, ob er mit den jeweiligen Faktoren gegenüber dem Wettbewerb überhaupt punkten kann.

Wer das Rennen macht

Treiber ist nicht gleich Treiber. Es gibt die unterschiedlichsten Studien darüber, welche Faktoren nun wirklich kriegsentscheidend sind. In einem Punkt sind sich jedoch nahezu alle Fachexperten einig: Ganz oben auf der Skala der Anforderungen an den idealen Arbeitgeber steht für High Potentials das „gute Arbeitsklima“, gefolgt von „herausfordernden Aufgaben“, „Förderung und Weiterbildung“ sowie „Zukunftsfähigkeit des Unternehmens“.[7] Ihre Arbeitgeber suchen sich High Potentials bevorzugt in den Branchen Wissenschaft & Forschung, Unternehmensberatung, Automobilindustrie, Finanzdienstleistungen und Informations- und Kommunikationstechnologie (ITK), just in dieser Reihenfolge.[8] Die beliebtesten Funkti-

[6] Vgl. Auflistungen von Treibern bei Petkovic, M., Employer Branding, S. 83.
[7] Vgl. Employer Branding Studie 2008 mit 2.505 Befragten – Summary, S. 4 ff.
[8] Vgl. Employer Branding Studie 2008 mit 2.505 Befragten – Summary, S. 5.

onsbereiche aus Sicht der Talente sind Forschung & Entwicklung, Assistenz der Geschäftsführung und interne Unternehmensberatung als Top 3 der Befragung der Employer Branding Studie 2008.

Einmal Sieger – immer Sieger?

Wer die Treiber der Arbeitgeberattraktivität erforscht, sieht sich zwangsläufig mit einem weiteren Phänomen, oft genug sogar Problem konfrontiert: der wechselseitigen Beeinflussung zwischen der Bekanntheit der Marke oder des Produkts und der wahrgenommenen Attraktivität des betreffenden Unternehmens als Arbeitgeber. Wechselwirkung und Ausstrahleffekte sind hier unvermeidbar, da das Einstellungskonstrukt in den Köpfen der Zielgruppe nur zu geringen Teilen bewusst und reflektiert entsteht. Menschen neigen zu Vereinfachung und Verallgemeinerung. Gefällt uns das Produkt eines Unternehmens, ziehen wir irrtümlich Rückschlüsse auf dessen Qualitäten als Arbeitgeber. Und umgekehrt. Das bedeutet vor allem für Unternehmen der öffentlich stark wahrgenommenen Konsumgüter und Technologie-Branche eine in der hohen Bekanntheit dieser Unternehmen gründende Bereitschaft potenzieller Bewerber, das allgemeine Unternehmensimage auf das Arbeitgeberimage zu übertragen. Zum Trost aller anderen Firmen sei gesagt, dass diesen Unternehmen dadurch andererseits auch die Last der Einlösung ungewollter Versprechen auferlegt ist. Die Bewerber schließen von den Produkteigenschaften auf die Unternehmenseigenschaften und sind dann nicht selten doppelt enttäuscht, wenn nicht alles Gold ist, was glänzt. Umgekehrt können Unternehmen ohne klares Produkt- oder Unternehmensimage durch ein ernsthaft betriebenes Employer Branding die Erwartungen eines Bewerbers weit übertreffen und so unerwartet punkten. Insofern gilt: Ja, einmal Sieger, fast immer Sieger. Ein Unternehmen, das sich ein gutes Produkt- oder Markenimage aufgebaut hat, wird sich auch leichter tun, ein positives Arbeitgeberimage in den Köpfen seiner Zielgruppe zu verankern – aber nur in der ersten Runde. In der zweiten Runde werden die Karten neu gemischt, und wer im Recruiting-Prozess seine suggerierten Arbeitgeberqualitäten nicht bestätigen kann, dem wird es schwerfallen, den Kampf um den Bewerber zu gewinnen.

Fünf Treiberkategorien für Arbeitgeberattraktivität

Die Treiber lassen sich in fünf Kategorien unterteilen: Job-Charakteristika, Menschen und Unternehmenskultur, Reputation und Image, Karriere und Entwicklungsmöglichkeiten sowie Glaubwürdigkeit. Innerhalb jeder Kategorie gibt es wiederum eine Vielzahl an Einzeltreibern, die im Folgenden vorgestellt werden. Abbildung 7 gibt eine Übersicht über alle Treiber, wobei hier sicher kein Anspruch auf Vollständigkeit erhoben werden kann. Selbstverständlich sind diese Kriterien auch der persönlichen Gewichtung des Einzelnen unterworfen, ganz zu schweigen davon, dass manche Treiber eher unbewusst als bewusst zur Entscheidungsfindung eines Kandidaten beitragen. Und nicht zu vergessen: Wir sprechen von Talenten und entsprechend hochkarätigen Stellenangeboten. Die genannten Kri-

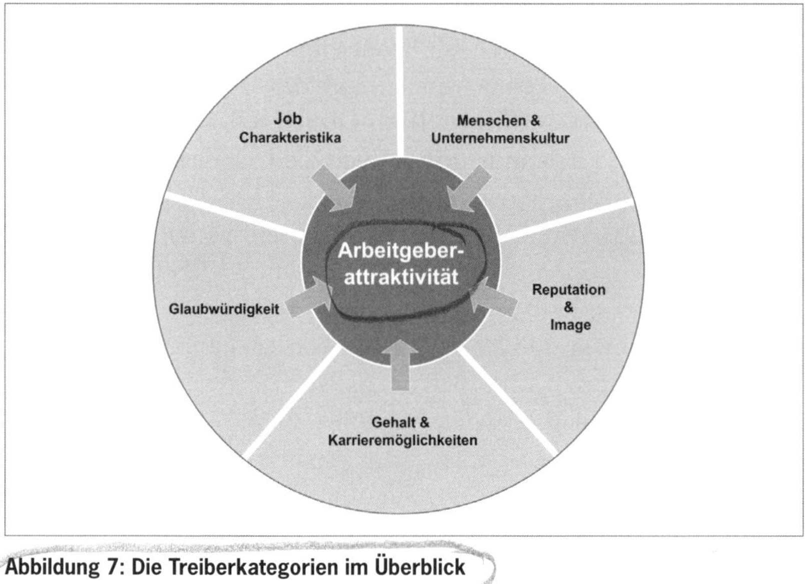

Abbildung 7: Die Treiberkategorien im Überblick

terien werden umso relevanter, je weiter ein Mensch sich auf der Maslowschen Bedürfnispyramide in Richtung Selbstverwirklichung nach oben bewegt. Es wäre Unsinn zu behaupten, dass jeder Mensch all diese Kriterien bei seiner Arbeitsplatzsuche in Erwägung ziehen will oder kann.

Priorisierung der Treiber als Grundlagenarbeit

Employer Branding muss sich dem Managen dieser Treiber widmen, auch wenn es ein Ding der Unmöglichkeit zu sein scheint, all diese Faktoren im Griff zu haben. Am Ende wird man Prioritäten setzen müssen und eine Auswahl treffen, welche Treiber man als Unternehmen aktiv managen will und kann. Manche der Treiber gehören zu den Touchpoints im Rahmen des Employer Brandings, andere hingegen betreffen das Unternehmen als solches. Sie entziehen sich dem Einflussbereich des Employer Brandings – nicht aber dem Einflussbereich des Unternehmens und seiner Führungsspitze. Aufgabe des Employer Brandings muss es in diesem Fall sein, diese Treiber offenzulegen und mit dem Top-Management gemeinsam zu entscheiden: Welcher Treiber wird aktiv gemanagt? Welcher Treiber muss nur positiv kommuniziert werden? Welcher Treiber wird trotz negativem Einfluss billigend in Kauf genommen, also nicht aktiv gemanagt in Richtung höhere Arbeitgeberattraktivität, und fällt damit der Priorisierung zum Opfer? Und welcher Treiber ist durch Unternehmensumstände bedingt nicht änderbar – trotz negativer Auswirkung auf die Arbeitgeberattraktivität? Aus dieser Analyse ergeben sich dann die Handlungsfelder für Employer Branding im weitesten Sinne. Die folgende Abbildung veranschaulicht diese Zusammenhänge.

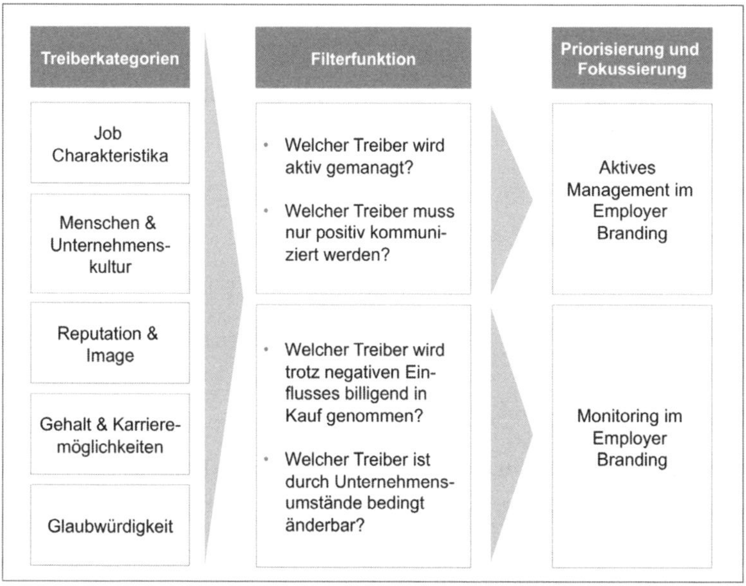

Abbildung 8: Das Managen der Treiber in ihren Kategorien

Treiberkategorie 1: Job-Charakteristika

Die Treiber der Job-Charakteristika sind fast alle sehr faktisch orientiert, leicht recherchierbar und offensichtlich. Sie lassen sich unterteilen in Gehalt und weitere Vergütungsbestandteile, Arbeitsumfeld (Wie ansprechend ist der eigene Arbeitsplatz?), Standort (Wie attraktiv ist der Standort?), Aufgaben (Wie interessant ist die Arbeit?), persönliche Profilierungsmöglichkeiten (Wie groß ist der eigene Verantwortungsbereich, wie sichtbar die Verantwortung?), Arbeitsplatzsicherheit, Work-Life-Balance und Arbeitszeiten, Flexibilität (Welche Gestaltungsmöglichkeiten bestehen bezüglich Arbeitszeit und Arbeitsplatz, wie viel Abwechslung ist zu erwarten?), eigenen Gestaltungs- und Einflussbereich sowie den eigenen Einsatz (Wie tief in die Organisation hinein ist die Stelle vernetzt, wie international ist sie?). Die folgende Abbildung zeigt diese Kategorie im Überblick.

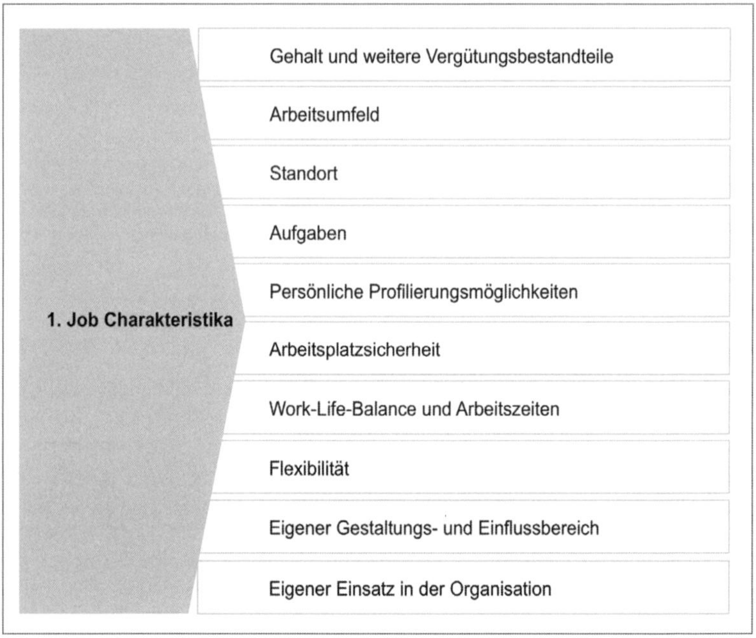

Abbildung 9: Die Treiberkategorie 1 im Überblick

Treiberkategorie 2: Menschen und Unternehmenskultur

Zu dieser Treiberkategorie gehören Kriterien, die stark dem subjektiven Empfinden unterliegen und letztlich ihre Bewertung ausschließlich über die Spiegelung am eigenen Wertesystem erfahren. Was dem einen gefällt, muss den anderen Bewerber keinesfalls begeistern. Hier finden sich Elemente wie die Unternehmenskultur, verstanden als alle ungeschriebenen Regeln und Werte im Umgang und in der Zusammenarbeit miteinander, das grundsätzliche Belohnungssystem (Wie wird Leistung wertgeschätzt?) oder die proklamierten Unternehmenswerte. Bei internationalen Konzernen spielt auch die Nationalität des Headquarters eine Rolle. Nationen sind in ihren Governance-Modellen sehr unterschiedlich: von zentral-autoritär bis hin zu lokal-autonom. Weitere Treiber sind die Internationalität der Kollegen (Wie viel Vielfalt ist im Unternehmen geboten?) und die Qualifikation der Menschen im Unternehmen (Was ist von den neuen Kollegen zu lernen? Wie inspirierend sind sie?). Die Abbildung zeigt Treiberkategorie 2 im Überblick.

Abbildung 10: Die Treiberkategorie 2 im Überblick

Treiberkategorie 3: Reputation und Image

Die Treiber dieser Kategorie sind über längere Zeiträume hinweg gewachsen, langfristig angelegt und kurzfristig kaum änderbar. Sie spiegeln sowohl die objektive Leistungsfähigkeit eines Unternehmens wieder als auch dessen kollektive Wahrnehmung und gesellschaftliches Standing. Zu den Reputations- und Imagefaktoren zählen die Intensität des Personal-Recruitings (Volumina, Historie), die Kommunikation des Unternehmens, seine unternehmerische Solidität (Erfolgs- und Leistungsbild im Wettbewerbsvergleich, Erfolgs- und Leistungsbild im Zeitvergleich), sein Markterfolg (Umsatz, Jahresergebnis, Finanz- und Ertragskraft, Wachstum), die öffentliche Medienberichterstattung, die Haltung des Unternehmens in seiner Verantwortung gegenüber Mensch und Umwelt oder das Engagement für soziale und gesellschaftliche Belange. Eine wesentliche Rolle spielen die Produkte: Wie attraktiv, wie qualitativ, wie innovativ sind sie? Entscheidend ist auch das Auftreten von Mitarbeitern, Vertriebsmannschaft und Führungskräften, ihr beobachtbares Verhalten und ihre Kommunikation: insbesondere im Internet, bei Firmenbeiträgen in Vorlesungen, bei Firmenpräsentationen, Veranstaltungen oder in Newslettern. Aber auch die Qualität des Managements kann auf dem Prüfstein stehen: Ausstrahlung, visionäre Kraft und Führungsqualitäten offenbaren sich in den Auftritten des Managements bei öffentlichen Anlässen. Nicht zuletzt sind Bekanntheit, Größe und Reputation der Kunden eines Unternehmens mitentscheidend für dessen Image. Die Abbildung zeigt die Treiberkategorie Reputation und Image im Überblick.

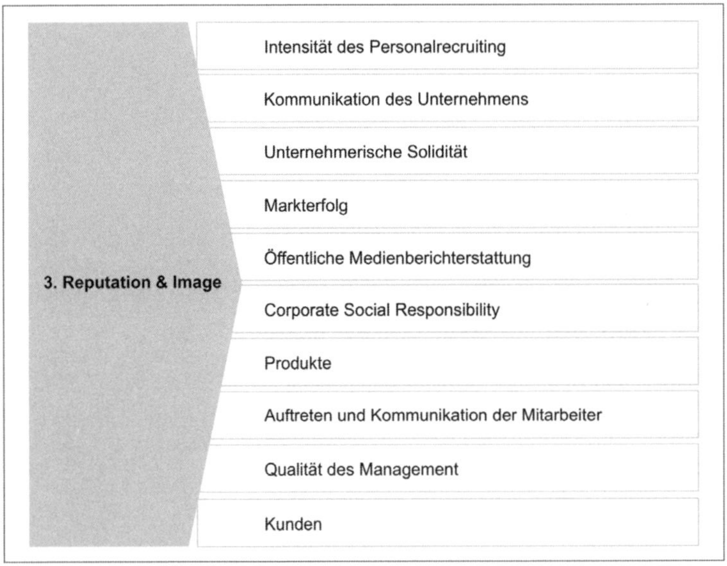

Abbildung 11: Die Treiberkategorie 3 im Überblick

Treiberkategorie 4: Karriere- und Entwicklungsmöglichkeiten

In dieser Kategorie finden sich die Treiber der Hoffnung, einer antizipierten Zukunftsmöglichkeit. Hier sind die eigenen Entwicklungsmöglichkeiten, also die gefühlten Perspektiven und Chancen von Bedeutung. Sind internationale Einsätze oder Versetzungen mittelfristig denkbar? Kann das Unternehmen aufgrund seiner Größe eine Vielzahl von Aufgaben und Entfaltungsmöglichkeiten anbieten? Führt verstärkte Eigeninitiative zu erweiterten Lern- und Entwicklungsmöglichkeiten? Welche Karrieremöglichkeiten innerhalb und auch außerhalb des Unternehmens könnten sich auftun? Die Abbildung zeigt Treiberkategorie 4 im Überblick.

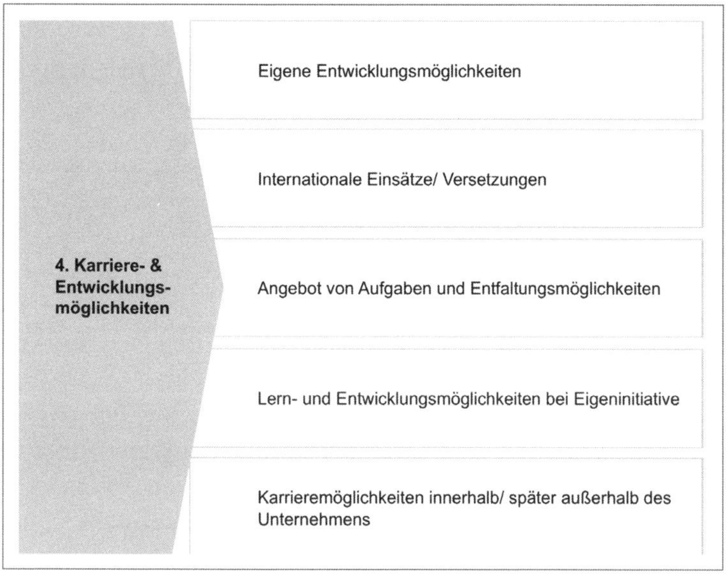

Abbildung 12: Die Treiberkategorie 4 im Überblick

Treiberkategorie 5: Erlebte Glaubwürdigkeit

Die Treiber dieser Kategorie sind all jene Faktoren, die einlösen müssen, was potenziellen Kandidaten zuvor öffentlichkeitswirksam versprochen wurde. Gemeint sind damit die Touchpoints während des Recruitings – eigene Erfahrung ebenso wie fremde Erfahrung, die via Word-of-Mouth oder Internetforen in die Meinungsbildung des Einzelnen einfließt. Eigene Erfahrung sammeln Kandidaten bei Praktika und Werkstudententätigkeiten, aber auch bei von Firmen gesponserten Wettbewerben oder Planspielen. Besonders stark kommt der Recruiting-Prozess selbst zum Tragen: die Art des Auswahlverfahrens, die Bearbeitungsdauer, Art und Qualität der Vorabinformation und natürlich das Bewerbungsgespräch oder Auswahlprocedere selbst, mit all den Informationen und Eindrücken, die der Bewerber über sämtliche Wahrnehmungskanäle auf- und mit nach Hause nimmt.

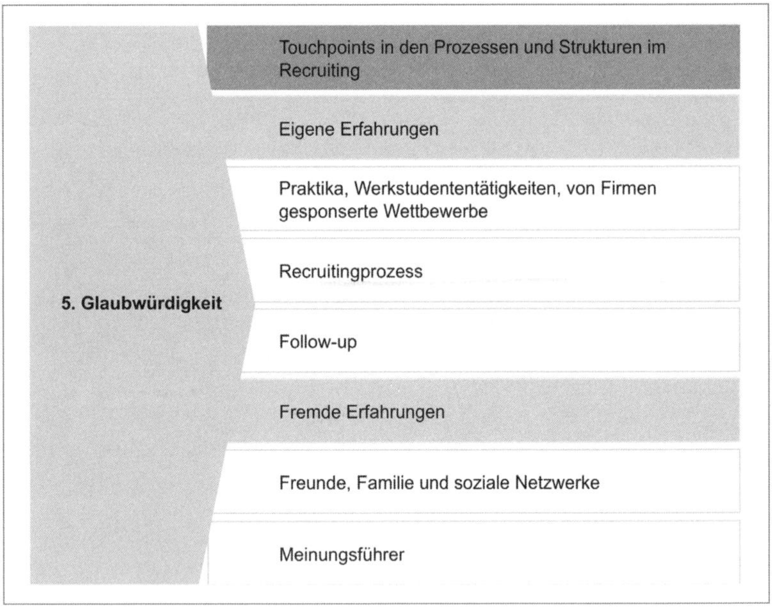

Abbildung 13: Die Treiberkategorie 5 im Überblick

Hierzu zählen u.a. die Persönlichkeit des Recruiters und des Managers, die Gesprächssituation, die Atmosphäre, die Fragen, etwaige Respekt- und Sympathiebekundungen, die Emotionalität im Dialog, aber auch vermeintlich irrelevante Faktoren wie die Räumlichkeiten oder die Bewirtung. Auch das Follow-up erzählt seine eigene Geschichte über das Unternehmen – und den wenigsten Unternehmen ist bewusst, dass auf unprofessionelle Art und Weise abgewiesene Bewerber leidenschaftliche Negativ-Botschafter für den Employer Brand werden können. Mit anderen Worten: In dieser Kategorie der erlebten Glaubwürdigkeit ist die Gefahr folglich besonders groß, all das wieder einzureißen, was zuvor mühevoll kommunikativ aufgebaut wurde. Die negativen Erfahrungsberichte eines abgewiesenen Bewerbers genießen naturgemäß oft große Glaubwürdigkeit – schließlich war der Bewerber ja vor Ort, hat mit Repräsentanten des Unternehmens gesprochen. Freunde, Familie und soziale Netzwerke tragen die Berichte dann weiter, unter Umständen in meinungsbildende Institutionen wie Universitäten, Schulen oder Ämter, wo Opinion Leader wie Lehrer, Professoren, Politiker oder Prominente sie aufgreifen und exponenziell verbreiten.[9] Abbildung 13 zeigt Kategorie 5.

2.4 Exogene Einflussfaktoren

Natürlich gibt es auch Faktoren, die ein Unternehmen selbst nicht beeinflussen, geschweige denn managen kann: das Aktivitätsniveau und das Qualitätsniveau der Wettbewerber etwa. Aber auch die Reputation der Branche, des Standorts oder der Region sind nur äußerst mittelbar durch ein Unternehmen selbst steuerbar. Und letztlich bestimmen auch ökonomische Zwänge die Möglichkeiten im

[9] Vgl. zum Ranking zur Nutzung von Informationsquellen: Müller-Örlinghausen, J. u. Schäfer, K., Mit Marke bei Bewerbern punkten, in: Personalwirtschaft, Heft 9, S. 40–42, 2005.

Employer Branding: Wirtschaftslage, Unternehmensgröße und finanzieller Erfolg determinieren die verfügbaren Budgets für Employer-Branding-Maßnahmen und zählen somit auch zu den exogenen Treibern, die sich einem direkten Einfluss durch das Unternehmen entziehen. Die folgende Abbildung veranschaulicht diese Faktoren.

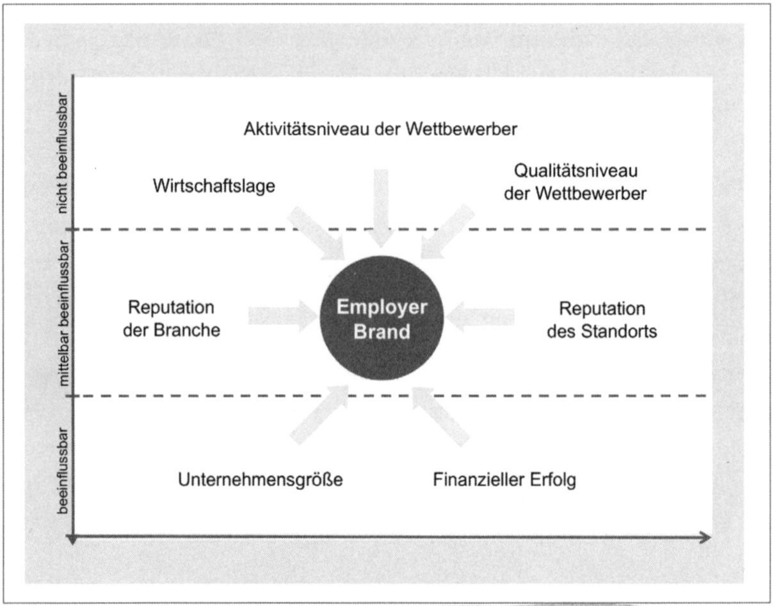

Abbildung 14: Die externen Einflussfaktoren auf Employer Branding

2.5 Herausforderungen

Die besonderen Herausforderungen, diesen Themenkomplex zu managen, resultieren aus drei Fakten, die soeben beleuchtet wurden:

1. Es geht darum, Versprechen zu geben und Versprechen zu halten. Welches Versprechen aber ist wirklich attraktiv für die Zielgruppe? Und wie kann ein Unternehmen es halten –

wieder und wieder, über eine Vielzahl von Berührungspunkten hinweg?
2. Ein Unternehmen muss eine Unmenge an Treibern aktiv gestalten, um seine Attraktivität als Arbeitgeber sicherzustellen. Welche Treiber sind hierfür die wichtigsten? Wie kann ein Unternehmen zielführend priorisieren und fokussieren?
3. Es gibt eine ganze Reihe exogener Faktoren, die dem Ansinnen eines Unternehmens zuwiderlaufen können – Faktoren, die vom Unternehmen nicht positiv gestaltbar sind. Kann sich ein Unternehmen hier zumindest schützen, unangreifbarer machen?

Damit aber noch nicht genug: In Sachen Employer Branding hat man es auch stets noch mit verschiedenen Inhouse-Disziplinen zu tun, die zusammenarbeiten müssen, um den Erfolg zu garantieren. Davon soll im nächsten Kapitel die Rede sein.

2.6 Einordnung in einen größeren Unternehmenskontext

Employer Branding ist eine Querschnittsdisziplin und als solche eine Schnittmenge von Human Resources, Marketing und Kommunikation. In den folgenden Kapiteln werden diese Aspekte näher beleuchtet.

2.6.1 Employer Branding als Markenstrategie

Ziele

Zielsetzung des Employer Brandings ist aus Sicht der Markenstrategie, diesen Teil der Gesamtmarke möglichst positiv zu beeinflussen, selbstverständlich unter Berücksichtigung der Konsistenz zu allen weiteren inhaltlichen und visuellen Aspekten und Maßnahmen der Gesamtmarke des Unternehmens. Aus Sicht der Markendisziplin ist Employer Branding erfolgreich, wenn die Teilmenge Employer Brand positiv auf die Gesamtmarke ausstrahlt, die Markenbekanntheit steigert und die Aufladung der Gesamtmarke gemäß der angestrebten Positionierung unterstützt.

Branding bedient unterschiedliche Anspruchsgruppen wie Öffentlichkeit, Kunden, Investoren, Lieferanten, Partner, Medien, Politik, Mitarbeiter, Bewerber – und die Zielgruppenübergänge im Zeitverlauf sind fließend: Aus Kunden können beispielsweise von heute auf morgen Bewerber werden.

Instrumente

Jedwede Markenpolitik umfasst strategische und operative Maßnahmen des Brandings. Am Anfang des Positionierungsprozesses stehen die Analyse der Zielgruppe und die Abgrenzung vom Wettbewerb. Darauf fußend wird dann die eigene Positionierung entwickelt, aus der dann die zentralen Aussagen und Markenversprechen abgeleitet werden. Hierauf folgen Basisarbeiten wie die Definition der zentralen visuellen Markenelemente, des Slogans oder des Wordings. Zentrale Branding-Maßnahmen sind dann etwa Imagekampagnen.

Markenbildung als Arbeitgeber versus klassische Markenentwicklung

Markenbildung ist ein Prozess, der in der Vorstellung des Betrachters stattfindet. Das bedeutet, das Konstrukt der Marke entsteht und besteht einzig in den Köpfen der Zielgruppe.[10] Die fünf markantesten Unterschiede zwischen klassischer Markenbildung und der Entwicklung einer Arbeitgebermarke betreffen die Zielgruppe, den Inhalt der Markenaufladung, das Objekt, die Objektivierung und die Differenzierung. Die Zielgruppe sind Talente, die – gemessen an ihrer Aus-

[10] Begründer dieser Betrachtungsweise in der Markenpolitik ist mein früherer Professor Berekoven: Berekoven, L., Zum Verständnis und Selbstverständnis des Markenwesens, S. 35–48.

bildung und Berufserfahrung – grundsätzlich genau dem Profil des gesuchten Mitarbeiters entsprechen. Hinzu kommen die gegenwärtigen Mitarbeiter des Unternehmens. Die Nutzenargumentation für einen Arbeitgeber ist viel umfassender als die Nutzenargumentation für ein konkretes Produkt – und damit auch viel schwieriger auf den Punkt zu bringen bzw. unter einem griffigen Claim zu subsumieren. Das Objekt der Marke im Employer Branding ist immateriell und folglich schwerer zu fassen. Eine vollständige Objektivierung kann erst nach Eintritt ins Unternehmen erfolgen, was das empfundene Risiko steigert. Zudem fokussiert der interdisziplinäre Ansatz hier auf Kommunikation und Personalwesen, während bei Produktmarken die Disziplinen Kommunikation und Produktentwicklung synchronisiert werden müssen. Differenzierung zwischen den Employer Brands unterschiedlicher Firmen ist ungleich schwerer zu erreichen

Kriterien	Employer Brand	Konsequenzen für EB
Zielgruppe	Definition einer bestimmten Zielgruppe: Talente	Ausrichtung der gesamten Markenbildung auf diese spezielle Zielgruppe
Inhalt der Markenaufladung	Arbeitgeberqualitäten	Faktische und emotionale Aufladung entlang den Treibern
Objekt	Arbeitgebermarke positionieren	Arbeitgeber stellt sich als Marke dar. Ziel ist es, attraktiv zu wirken
Objektivierung	Versprechen müssen gehalten werden	Arbeitgeber muss im Recruiting und auch im Nachhinein für den Mitarbeiter attraktiv bleiben
Differenzierung	Positionierung der Marke steht im direkten Vergleich zu Wettbewerb	Besonderes Augenmerk auf den eigenen Stärken

Abbildung 15: Die Charakteristika der Markenbildung im Employer Branding

als zwischen Produktmarken, was die Unterschiede oft verwischen lässt und Arbeitsuchenden Überblick und Vergleich erschwert. Abbildung 15 zeigt die Unterschiede im Überblick.[11]

2.6.2 Employer Branding als Kommunikationsdisziplin

Ziele

Zielsetzung des Employer Brandings ist aus Sicht der Kommunikationsdisziplin die Kommunikation der Positionierung als Arbeitgeber über die klassischen Instrumentarien der Unternehmenskommunikation – im Einklang mit allen anderen Botschaften des Unternehmens und mit allen anderen Instrumenten der Kommunikation. In diesem Zusammenhang kann Employer Branding als erfolgreich gelten, wenn es positiv auf die Reputation des Unternehmens ausstrahlt, dessen öffentliche Wahrnehmung erhöht und Interesse am Unternehmen generiert.

Instrumente

Zentrale Instrumente des Employer Brandings sind Arbeitsmarktkommunikation und Corporate Communications. Arbeitsmarktkommunikation umfasst beispielsweise Hochschul-Marketing, Hochschulkooperationen, Firmenkontaktmessen, Jobmessen, Recruiting-Events und Jobbörsen, aber auch die Karriererubrik des Internetauftritts, Stellenanzeigen oder Informationsbroschüren für Bewerber. Für die Unternehmenskommunikation handelt es sich vor allem um drei Zielgruppen. Kommunikationsinstrumente für Mitarbeiter sind Mitarbeiterzeitschrift, Newsletter oder Intranet. Führungskräfte erhalten Dossiers und Führungskräfte-Informationen oder greifen auf spezielle Seiten im Intranet zu. Die Recruiting Community, die Communications Community und die gesamte HR Com-

[11] Eine andere Systematik der Unterschiede zu Produktmarken zeigt Petkovic in Petkovic, M., Employer Branding, S. 52.

munity bilden gleichfalls eine wichtige Zielgruppe: Ihr muss vermittelt werden, wie Employer Branding verstanden werden soll. Es gilt, sie für das Versprechen als attraktiver Arbeitgeber zu sensibilisieren und Hilfestellung zu geben, wie es umgesetzt werden kann. In der externen Kommunikation geht es um Pressearbeit, um Kommunikationsmaterialien wie Broschüren oder Flyer und selbstverständlich auch um den Internetauftritt. Auch die Teilnahme an Wettbewerben zur Arbeitgeberattraktivität gehört auf dieses Terrain, genauso Zertifizierungen wie Beruf & Familie, soziales Engagement oder Patenschaften.

Auch eine Vielzahl von Studien und Arbeitgeber-Rankings beeinflussen das Arbeitgeberimage eines Unternehmens, beispielsweise die Young-Professional-Studien „HR-Profile", „Great Company", „Great Job" oder „Great Place to Work". Die folgende Abbildung zeigt die wichtigsten Studien im deutschsprachigen Raum.

Name	Initiator	Befragte	Jury/ Methodik
Employer Branding und Talent Supply	Hewitt Associates	76 Mittelständler und Großunternehmen	Befragung
Deutschlands beste Arbeitgeber	Bundesarbeitsministerium und Great Place to Work® Institut	Mitarbeiter und Management von Unternehmen ab 50 Personen	Jury, Befragung
Recruiting Trends	Centre of HR Information Systems, Universität Bamberg und Frankfurt	Top-1000-Unternehmen aus den Branchen Automotive, IT und Finanzdienstleistung	Befragung
Top Job	compamedia GmbH	Mitarbeiter führender Unternehmen in Deutschland	Jury, Befragung
Top Arbeitgeber	CRF Institute	Recherche durch Institut	Beurteilung nach Kriterien, Interview
Internal Employer Branding	Kienbaum Communications GmbH & Co. KG	Entscheider aus HR-Management und der Unternehmenskommunikation führender Unternehmen	Online-Befragung

Abbildung 16: Eine Auswahl an bedeutenden Studien

An derartigen Wettbewerben nicht teilzunehmen und sich den Rankings zu entziehen, ist nur teilweise eine Option, denn nicht gerankt oder gelistet zu sein, verschafft imagetechnische Wettbewerbsnachteile, es sei denn, man gehört zu den Unternehmen, die ob ihres hohen Ansehens über jeden Zweifel erhaben sind. Dass viele dieser Studien ihre Schwächen haben – von der Methodik bis zur Transparenz –, ändert nichts daran, dass sie regelmäßig als Grundlage für öffentlichkeitswirksame Bewertungen herangezogen werden.[12] Die folgende Abbildung zeigt bedeutende Awards im deutschsprachigen Raum.

Name	Initiator	Befragte	Jury/ Methodik
Trendence Employer Branding Awards	Trendence Institut GmbH	20.000 Schüler/ Studenten/ Young Professionals	Professoren, Chefredakteur des Manager Magazins, Trendence-CEO
Universum Awards	Universum Communications GmbH	20.000 Studenten an 100 deutschen Hochschulen	Befragung nach Arbeitgeberpräferenzen, Karrierevorstellungen
Columbus Personalanzeigen-Award	Länderübergreifender Wettbewerb der „VDI Nachrichten“	60 Agenturen, die 200 Anzeigen namhafter Unternehmen einreichen	HR-Fachleute, Medienvertreter, Experten für Kommunikationsdesign

Abbildung 17: Eine Auswahl an bedeutenden Awards

[12] Zu Kernschwächen diverser Studien vgl. Petkovic, M., S. 39 ff.

Kommunikation als Arbeitgeber versus klassische Kommunikationsarbeit

Kommunikation als Arbeitgeber fokussiert auf eine externe und eine interne Öffentlichkeit. Der Schwerpunkt der Argumentation liegt nicht auf Größe oder Leistungsfähigkeit des Unternehmens oder seiner Produkte, sondern auf seinen herausragenden Fähigkeiten und Qualitäten als Arbeitgeber. Als Beleg für diese Fähigkeiten müssen Fakten kommuniziert werden. Inhaltlich geht es also primär um eine Beweisführung, die weniger nach einer emotionalen als nach einer rationalen Argumentation verlangt. Die Abbildung gibt einen Überblick über die Charakteristika der Kommunikation.

Kriterien	Kommunikation	Konsequenzen für EB
Zielgruppe	Fokus auf externe und interne Öffentlichkeit	Ausrichtung aller Kommunikationsmittel auf Öffentlichkeit und Mitarbeiter
Inhalt der Markenaufladung	Arbeitgeberqualitäten	Faktische und emotionale Aufladung entlang den Treibern
Objekt	Arbeitgebermarke positionieren: Mitarbeiter begeistern und Öffentlichkeit gewinnen	Arbeitgeber stellt sich als Marke dar - faktisch zu belegen
Objektivierung	Begeisterung der Mitarbeiter muss belegt werden, Fakten sprechen für sich	Die Fakten extern und intern kommunizieren
Differenzierung	Darstellung der Vorteile als Arbeitgeber	Besonderes Augenmerk auf den eigenen Stärken

Abbildung 18: Die Charakteristika der Kommunikation im Employer Branding

2.6.3 Employer Branding als Human-Resources-Disziplin

Ziele

Zielsetzung des Employer Brandings ist aus Sicht der Personalabteilung, durch die positive Reputation als Arbeitgeber kontinuierlich ausreichend Menschen für das Unternehmen zu interessieren, um alle Stellen angemessen, schnell und möglichst dauerhaft besetzen zu können. Employer Branding ist hier also vor allem dann erfolgreich, wenn der Zustrom an (passenden) Bewerbungen nicht abreißt.

Instrumente

Die Instrumente der Personalpolitik sind zum einen die Hebel für Mitarbeiterzufriedenheit und -bindung. Dazu zählen Prämien, Boni, Sonderzahlungen, Benefits wie Dienstwagen, betriebliche Altersvorsorge, Ferienwohnungen oder Sportmöglichkeiten, aber auch Weiterentwicklung, Trainings, Qualifizierungsprogramme, Job-Rotation, Trainee-Programme, Zielvereinbarungsprozesse, Zielerreichungsgespräche, Arbeitsplatzgestaltung und vieles mehr. Zum anderen geht es bei den Human Ressources um das Beherrschen der Prozesse und Methoden im Recruiting: das Bewerbungsgespräch, das Auswahlverfahren, die Bewerbungs-Tools oder den Prozess der Integration neuer Mitarbeiter.

HR im Dienste des Employer Brandings versus klassische Personalarbeit

Hier liegt der Fokus zum einen auf den Bewerbern, zum anderen auf den Mitarbeitern. Objekt sind alle Maßnahmen, die auf Arbeitgeberattraktivität und Mitarbeiterzufriedenheit einzahlen. Der Recruiting-Prozess muss sich hier nunmehr nicht nur den Gesichtspunkten von Effizienz und Effektivität beugen, sondern auch Attraktivität ausstrahlen. Objektivierung erfährt das Bemühen um Employer Branding im gesamten individuellen Arbeitsumfeld des Mitarbeiters: von der wahrgenommenen Qualität der Führung bis hin zum Belohnungssystem, das als angemessen, übertrieben oder sogar ungerecht empfunden werden mag. Mitarbeiterzufriedenheit setzt dabei weit mehr voraus als regelmäßige Mitarbeiterbefragungen, deren Resultate in halbherzigen Aktionen münden oder bis zur nächsten Mitarbeiterbefragung in der Schublade verschwinden – in vielen Unternehmen traurige Realität. Aber auch das andere Extrem gilt es zu unterbinden und gegebenenfalls Erziehungsarbeit zu leisten: Denn so wenig es an- und dauerhaft gut gehen kann, die Bedürfnisse der Mitarbeiter zu ignorieren, so wenig darf es sein, dass die betriebliche Realität zum Mitarbeiter-Wunschkonzert mutiert und dabei alle betriebswirtschaftlichen Notwendigkeiten in den Schatten gestellt werden. Diese Notwendigkeiten und Zusammenhänge gilt es den Menschen im Unternehmen zu vermitteln und gleichzeitig für die eigenen Vorzüge als Arbeitgeber zu werben. Die folgende Abbildung zeigt die Unterschiede zwischen HR und HR im Dienste des Employer Brandings im Überblick.

Kriterien	Human Resources	Konsequenzen für EB
Zielgruppe	Definition einer bestimmten Zielgruppe: Bewerber und Mitarbeiter	Ausrichtung des gesamten Recruitings auf diese spezielle Zielgruppe
Inhalt der Markenaufladung	Recruitingprozess und Personalmarketing	Schwerpunkt auf attraktive Treiber, die auch für Mitarbeiterzufriedenheit sorgen
Objekt	Arbeitgeber positionieren bezüglich Vorzügen	Priorisierung der wichtigsten Fakten
Objektivierung	Versprechen müssen gehalten werden	Arbeitgeber muss im Recruiting und auch im Nachhinein für den Mitarbeiter attraktiv bleiben
Differenzierung	Positionierung der Marke steht im direkten Vergleich zum Wettbewerb	Besonderes Augenmerk auf den eigenen Stärken

Abbildung 19: Die Charakteristika der Personalarbeit im Employer Branding

2.6.4 Employer Branding als Management Tool

Zielsetzung des Employer Brandings ist aus Sicht der Unternehmensstrategie, den Wert des Unternehmens nachhaltig zu steigern: über die Attraktivität als Arbeitgeber und der daraus resultierenden Fähigkeit des Unternehmens, Talente anzuziehen, und so für die vielfachen Herausforderungen der Zukunft gewappnet zu sein.

Und natürlich ist Employer Branding – gewollt oder ungewollt – auch Ausdruck der Führungs- und damit der Unternehmenskultur, Ausdruck der Anspruchshaltung eines Unternehmens an seine Leistungsträger und Ausdruck seiner Wertschätzung gegenüber dem einzelnen Mitarbeiter und gegenüber dem Kollektiv der Mitarbeiterschaft. Die folgende Abbildung fasst diese Zusammenhänge zusammen.

Abbildung 20: Das Employer Branding als interdisziplinäre Aufgabenstellung

2.7 Ganzheitlicher Bezugsrahmen

Employer Branding agiert also in einem komplexen Umfeld. Fassen wir darum noch einmal zusammen: Im Prozess der Präferenzbildung versucht Employer Branding, durch systematisches und planvolles Vorgehen mit Hilfe der Instrumente von Markenmanagement, Unternehmenskommunikation und Personalpolitik Einfluss zu nehmen, sozusagen prophylaktisch, noch vor Beginn und Verlauf des eigentlichen Recruiting-Prozesses. Exogene und endogene Einflussfaktoren beeinträchtigen dieses Bemühen teilweise erheblich. Erfolg kann es nur geben, wenn es gelingt, eine kritische Menge an Treibern, insbesondere die Touchpoints, begünstigend zu managen.[13] Die folgende Abbildung zeigt den ganzheitlichen Bezugsrahmen und stellt somit die bisherigen Ausführungen in einen gemeinsamen Kontext.

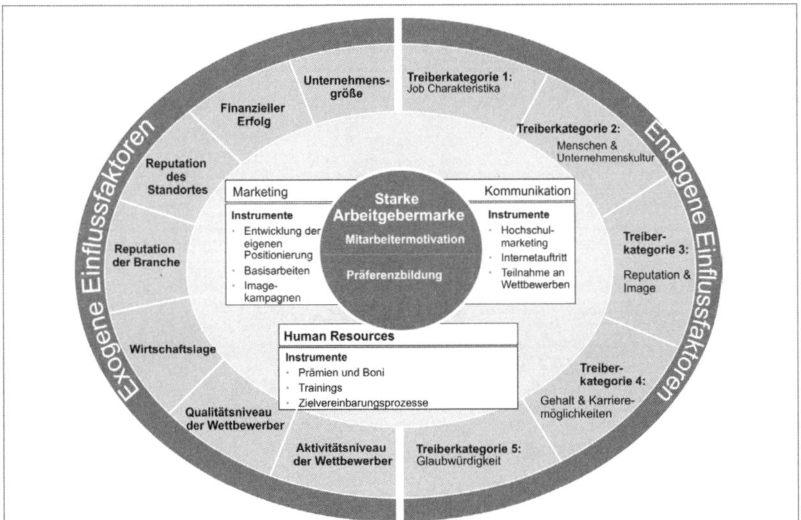

Abbildung 21: Das Employer Branding im gesamtheitlichen Bezugsrahmen

[13] Einen alternativen Bezugsrahmen liefert Beck, Ch. in Personalmarketing 2.0, S. 31, und auch Petkovic, M. in Employer Branding, S. 165.

2.8 Sonderfall Internationalität

Internationalität bedeutet in Bezug auf Employer Branding eine zusätzliche Erhöhung an Komplexität: Welche Botschaften sind wirklich über alle Länder hinweg gleichermaßen attraktiv für die Zielgruppe? Und wie kann eine Employer-Branding-Initiative zentral gesteuert und dezentral umgesetzt werden? Wer trägt in diesem Zusammenspiel wofür Verantwortung? Und wie kann man von zentraler Stelle aus die Umsetzung und den Gesamtfortschritt unterstützen? Kurzum: Sowohl der globale Konzern als auch der international agierende Mittelständler hat mit einigen Besonderheiten in seinem Employer Branding umzugehen.

EVP muss adaptierbar sein – mit zentralem Message-Set

Die Employer Value Proposition kann selten über alle Länder dieser Erde harmonisiert werden: In der Regel gibt es einen Employer-Brand-Markenkern, der international einheitlich ist und mit landes-

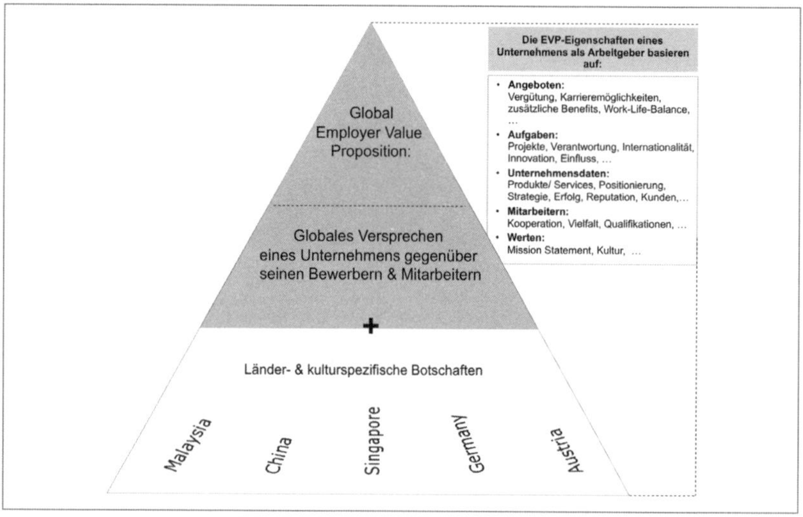

Abbildung 22: Das Employer Branding im internationalen Umfeld

spezifischen Zusätzen versehen wird, die der Bedarfssituation des jeweiligen Landes gerecht werden. Sorgfältige Bedarfsanalysen und Kenntnis der nationalen Arbeitsmarktgegebenheiten sind die Basis für die Entwicklung dieses mehrschichtigen Modells. Abbildung 22 zeigt schematisch den Aufbau einer internationalen Employer Value Proposition.

Länder müssen pilotieren können

Auch ist eine Pilotierung in Kernländern oftmals hilfreich: Sie gibt wertvolle Hinweise auf die weltweite Umsetzbarkeit und Akzeptanz. Wenn in den wichtigsten Niederlassungen eines Unternehmens beides gewährleistet ist, ist die Wahrscheinlichkeit gering, dass die Mechanismen für weitere Anpassungen an lokale Gegebenheiten in anderen Ländern fehlen. Und nicht zuletzt unterliegt jede globale oder internationale Initiative auch immer der Gefahr, Befindlichkeiten hervorzurufen: „Was wird uns vom Headquarter jetzt wieder übergestülpt?“ – „An unsere Landesgegebenheiten hat sicher wieder keiner gedacht!“ – „Aber umsetzen dürfen wir, ohne gefragt worden zu sein …“. Hier hilft nur eins: aus Betroffenen Beteiligte machen – eben über Pilotierungsansätze. Schöner Nebeneffekt: Das Kernteam der Employer-Branding-Initiative wird dabei enorm viel lernen.

Klare Verantwortlichkeiten

Und wenn wir schon beim Thema der globalen Employer-Branding-Initiative sind: Klare Verantwortlichkeiten sind erfolgskritisch, für den Aufbau, aber auch für die fortlaufende Betreuung des Employer Brands. Wer verantwortet den EVP und seine Formulierung? Wer hat wofür ein Vetorecht? Wer ist mit welchen Rechten und mit welchen Pflichten ausgestattet? Die folgende Abbildung zeigt beispielhaft, welche Kriterien beim Aufsetzen einer Governance-Struktur in einem internationalen Unternehmen berücksichtigt werden sollten.

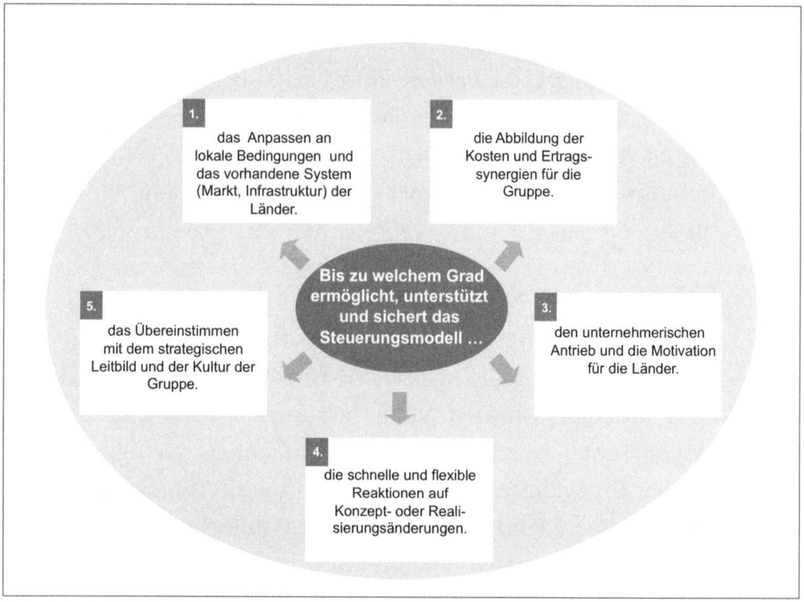

Abbildung 23: Die Kriterien für eine Governance-Struktur

Change Management vom Feinsten

Employer Branding zum Leben zu erwecken erfordert in vielen Unternehmen ein Umdenken: im Führungsteam, aber auch insbesondere in der Personalabteilung, und dort im Speziellen bei den Recruitern. Um das Thema ganzheitlich managen zu können, kommen Unternehmen häufig nicht um ein umfassendes Transformationsprogramm herum: vom Festlegen der Verantwortlichkeiten über das Redesign der Recruiting-Prozesse bis hin zum Überarbeiten sämtlicher Kommunikationsmittel. Hier ist Change Management gefragt: HR und Recruiter müssen dezidiert adressiert werden. In allen Ländern muss für das Thema sensibilisiert und begeistert werden, um letztlich Fürsprecher zu gewinnen, die jeweils in ihrem Land als Promotoren fungieren können. Die größte Herausforderung besteht darin, Mitarbeiter eines globalen Konzerns über die vielen Länder hinweg für ihre Firma zu begeistern.

Country-Clustering

Die Komplexität bei der weltweiten Implementierung von Employer-Branding-Aktivitäten zu reduzieren, tut not. Vereinfacht werden kann die Einführung durch die Clusterung mehrerer Länder zu Ländergruppen. Die Einführung der Employer-Branding-Aktivitäten erfolgt dann in mehreren Einführungswellen, Ländergruppe für Ländergruppe. So kann das Gesamtprojektteam die Implementierung steuern und jeweils auf das entsprechende Cluster fokussieren. Die Länder nachfolgender Wellen profitieren von den Erfahrungen und Learnings der Länder vorausgegangener Wellen. Zudem haben sich so schon die ersten Erfolgsgeschichten herumgesprochen, wenn die nächste Welle beginnt. Und die Organisation wird insgesamt nicht überfordert, sondern schrittweise mit Employer Branding vertraut gemacht. Die folgende Abbildung zeigt schematisch das Vorgehen in Country-Clustern.

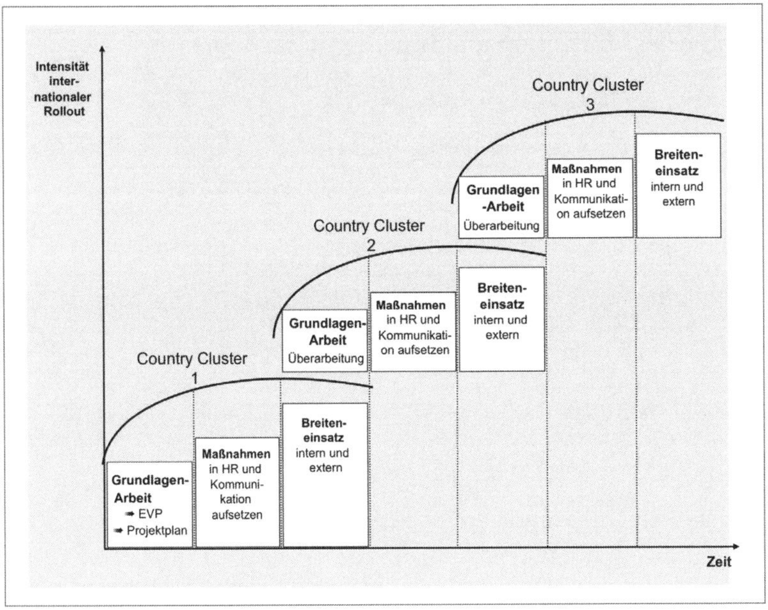

Abbildung 24: Das Vorgehen in Clustern

Do-it-yourself-Package

Das zentrale Projektteam muss eine Sammlung an Marketing- und Kommunikationsmaterial bereitstellen, aus dem sich die lokalen Projektteams bedienen können. Eine solche Sammlung umfasst Broschüren, Anzeigenmaterial oder Stellenausschreibungsvorlagen. Dadurch wird zum einen die Einheitlichkeit sichergestellt und eine Verwässerung des weltweiten Employer Brands vermieden. Zum anderen werden aber auch Doppelarbeiten in den unterschiedlichen Ländern vermieden. Und drittens lässt das Angebot einer Materialsammlung im Gegensatz zu einem verbindlichen und einheitlichen Materialset den Verantwortlichen in den Ländern die Möglichkeit, auf ihrem Markt exakt jenes Material einsetzen zu können, das ihnen vor Ort am hilfreichsten erscheint. Die zentralen Entwicklungs- und Produktionskosten können dabei auf alle Länder umgelegt werden. Die Länder können sich bei diesem Vorgehen zu Recht als treibende Kräfte auf dem Weg zu einem starken Employer Branding empfinden und neue Motivation und Begeisterung schöpfen.

3 Die sieben Erfolgsfaktoren und ihre Umsetzung in Unternehmen

Erfolgsfaktoren sind in der Regel Faktoren, die, werden sie berücksichtigt, den Erfolg begünstigen. Sicher kann die Berücksichtigung solcher Faktoren weder Erfolg garantieren noch Misserfolg sicher verhindern, jedoch steigt mit der Beachtung eines jeden weiteren Erfolgsfaktors die Wahrscheinlichkeit des Gesamterfolgs. So verhält es sich auch mit den Erfolgsfaktoren in diesem Buch. Die folgende Aufstellung an Erfolgsfaktoren resultiert aus meinen Erfahrungen. Sie ist aber auch das Ergebnis aus Diskussionen und Gesprächen mit anderen nationalen und internationalen Employer-Brand-Experten. Kriterium für die Zusammenstellung der Erfolgsfaktoren war allein, dass ihre Befolgung die praktische Umsetzung erleichtert und die Erfolgsaussichten eines Unternehmens erhöht, zu einer starken Arbeitgebermarke zu gelangen.

Jedem Erfolgsfaktor sein Beispiel

Zu jedem dieser Erfolgsfaktoren bemüht dieses Buch ein Fallbeispiel eines Unternehmens, das in der Umsetzung des entsprechenden Erfolgsfaktors beispielhaft vorgegangen ist und somit als Vorbild dienen kann für Unternehmen, die diese Wegstrecke noch vor sich haben. Die Fallbeispiele sind bewusst aus unterschiedlichen Branchen und Unternehmensgrößenklassen gewählt, um dem interessierten Unternehmen den Transfer auf die eigenen Belange zu erleichtern. „Hausaufgaben zuerst" wird in diesem Buch illustriert durch die Darstellung des Fallbeispiels Siemens AG, „Nicht losgelöst" durch

die Vorstellung des Falles Bertelsmann und „Systematischer Prozess“ mit Hilfe des Falles Compeople. Mit dem Fall Omicron wird der Erfolgsfaktor „Alles beginnt innen“ veranschaulicht und SAP ist das Beispiel für „Mehr als nur eine Kampagne“. Für „Alles aus einem Guss“ wird der Fall Unilever vorgestellt, für „Authentizität ist Trumpf“ Roland Berger.
Die sieben Erfolgsfaktoren sind in der folgenden Abbildung zusammengefasst.

1.	Hausaufgaben zuerst	• Wahrnehmung eines Unternehmens (intern/extern) • Stärken und Schwächen des Unternehmens als Arbeitgeber • Systematik des Employer-Branding-Ansatzes (Botschaften/Kanäle)
2.	Nicht losgelöst	• (Erfolgreiche) Einbettung von Employer Branding in Markenstrategie • Passgenauigkeit von Arbeitgebermarke und Unternehmenskultur/Leitbild • Glaubwürdigkeit der Employer Value Proposition
3.	Wie aus einem Guss	• Konsistente Botschaften • Konsistente Maßnahmenplanung • Globalität und Kontinuität
4.	Systematischer Prozess	• Phasenmodell von der Planung bis zur Erfolgskontrolle • Klares Projektmanagement • Umsetzungsorientierung
5.	Alles beginnt innen	• Mitarbeiter als Testimonials gewinnen • Geeignete Bewerber durch engagierte Arbeitgeberbotschafter • Identifikation schafft Motivation und senkt Fluktuation
6.	Authentizität ist Trumpf	• Was man proklamiert, muss zu einem passen • Die Inhalte müssen ehrlich gemeint sein • Ohne Beweisführung keine Glaubwürdigkeit
7.	Mehr als nur eine Kampagne	• Image- und Markenwerbung reichen nicht aus • Versprechen geben und halten • Neue Arbeitgebermarke verlangt neue Prozesse

Abbildung 25: Die sieben Erfolgsfaktoren des Employer Brandings

3.1 Erfolgsfaktor 1: Hausaufgaben zuerst

3.1.1 Der Erfolgsfaktor im Licht von Theorie und Praxis

Erklärung des Erfolgsfaktors

„Hausaufgaben zuerst“ bedeutet, dass sich ein Unternehmen, bevor es sich um die aktive Gestaltung seiner Marke kümmern kann, erst mit den Gegebenheiten und seinem Umfeld auseinandersetzen muss. Wie wird das Unternehmen wahrgenommen? Was bewegt die Zielgruppen? Welche Stärken und Schwächen hat das Unternehmen als Arbeitgeber? Und welche Botschaften soll das Unternehmen über welche Kanäle platzieren? Konkret geht es um die detaillierte Bestimmung der Ausgangssituation, die Analyse von Zielgruppen und Stakeholdern, die Zieldefinition selbst und die Erarbeitung der zentralen Botschaften. Die folgende Übersicht veranschaulicht diese Arbeitsschritte im Überblick.

Abbildung 26: Die Aufgaben des Erfolgsfaktors 1

3.1.1.1 Detaillierte Bestimmung der Ausgangssituation

Die Ausgangssituation zu analysieren und zu verstehen bedeutet zum einen, die generelle Wahrnehmung des Unternehmens intern und extern zu verifizieren, zum anderen, die eigenen Stärken und Schwächen als Arbeitgeber offen und selbstkritisch zu bewerten, und zum Dritten, sämtliche Touchpoints im Recruiting einer konkreten Prüfung zu unterziehen.

Wahrnehmung des Unternehmens

Hier lauten die Kernfragen: Welche Markenbekanntheit hat das Unternehmen? Wie viel Öffentlichkeitsarbeit betreibt das Unternehmen, welche Botschaften platziert es und mit welchem Erfolg? Wie präsentiert sich das Unternehmen, welches Leitbild wird kommuniziert? Wie sieht die Homepage aus? Wie viel Medienresonanz gibt es? Welche Brand-Assoziationen gibt es auf Seiten der Kunden, der Öffentlichkeit und der Partner? Welche Reputation genießt das Unternehmen? Und welche Einstellung haben die Mitarbeiter zum Unternehmen?

Stärken und Schwächen als Arbeitgeber

Hier richten sich die Kernfragen nach außen: Welche Botschaften sendet das Unternehmen als Arbeitgeber? Sind diese Botschaften über alle Touchpoints hinweg konstant? Wie steht es um das gegenwärtige Recruiting-Material und die Kommunikationskanäle: Broschüren, Flyer, Stellenanzeigen, Karriereseiten, Social Media? Wo steht das Unternehmen in Arbeitgeber-Rankings und Studien? Besonders aufschlussreich ist im Zuge einer solchen Stärken-Schwächen-Analyse das Modell des Employer-Brand-Attraktivitätsindex: Dieser basiert sowohl auf kognitiven als auch auf affektiven Komponenten und ermöglicht einem Unternehmen, sich selbst einzuordnen – dedizierte Befragungen vorausgesetzt.[14] Zentral ist die Frage nach

[14] Vgl. Employer-Branding-Studie 2008 mit 2.505 Befragten – Summary, S. 8 f.

der Employer Value Proposition und den unternommenen Anstrengungen für den Employer Brand. Besonders zielführend ist es deshalb, die diversen Rankings im Auge zu behalten und die veränderte Position des eigenen Unternehmens zu verfolgen – und gegebenfalls gegenzusteuern. Die folgende Abbildung zeigt zur Veranschaulichung beispielhaft die Analyse der Rankings.

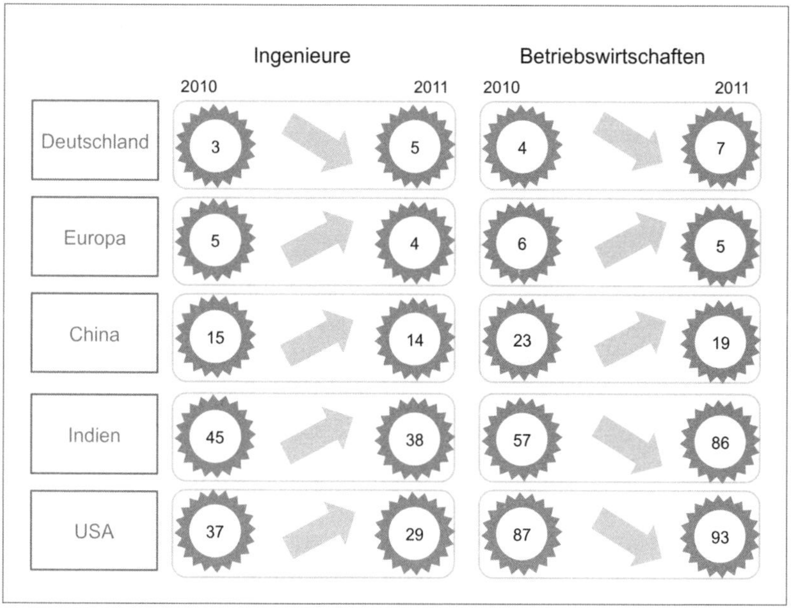

Abbildung 27: Die beispielhafte Analyse der Rankings

Touchpoints im Recruiting

Hier geht es darum, Stärken und Schwächen im Recruiting-Prozess zu erkennen und zu verstehen. Wie sieht der Prozess aus, welche Rollen und Aufgaben sieht er vor? Wie schnell und wie effizient ist das Recruiting, wie qualitativ im Ergebnis? Und wo stehen die Wettbewerber? Was machen sie besser, was schlechter? Wie ist der Employer Brand der Wettbewerber konkret positioniert? Und mit wem konkurriert man eigentlich um seine Zielgruppe an Talenten? Ein Wettbewerber muss nicht zwangsläufig auch ein Konkurrent auf dem Arbeitsmarkt sein. Auch Bewerbungsprozess, Rollen und IT-Landschaft stehen bei einer umfassenden Touchpoint-Analyse auf dem Prüfstand.[15]

3.1.1.2 Analyse von Bedarf, Zielgruppen und Stakeholdern

Die Zielgruppe

Ausgangspunkt der Zielgruppendefinition ist immer der Bedarf: Welche Mitarbeiter braucht das Unternehmen und wie viele? Wer ist folglich das ideale Talent im Hinblick auf Qualität und Mengengerüst der Kandidaten, Reifegrad des Lebenslaufes, Erfahrungsschatz und Einstellungen? Ist die Zielgruppe definiert, gilt es, sie zu verstehen. Das sichert das Wissen um die Absprungbasis des eigenen Handelns, um zu wissen, welche Maßnahmen und Angebote an Value Proposition von der Zielgruppe überhaupt als relevant oder attraktiv gewertet werden. Welche Bedürfnisse und Ansprüche haben diese Kandidaten, was macht für sie den Unterschied aus zwischen einem guten Arbeitgeber und dem Traumarbeitgeber? Hier bieten sich Umfragen an, Erhebungen oder auch qualitative Interviews: Was ist wichtig? Welche Priorität, welches Gewicht hat welcher Treiber? Welche Treiber sind Hygienefaktoren, welche sind Differenzierungsfaktoren in den Augen der Zielgruppe? Aber auch die HR Community gilt es zu verstehen – die Einstellung der Recruiter, ihre Motivation, ihre Geisteshaltung und ihre Bereitschaft, für das Thema Employer Branding die Extrameile zu gehen. Denn gerade im Bewerbungsgespräch offenbart sich oft die wahre Distanz zwischen der Proklamation einer Arbeitgebermarke und der betrieblichen Realität. Die folgende Abbildung zeigt die möglichen Zielgruppen einer Employer-Branding-Initiative.

---

[15] Eine umfassende Darlegung sämtlicher Methoden und Tools im Recruiting-Prozess stellt Maier, N. in seinem Buch Erfolgreiche Personalgewinnung und Personalauswahl vor.

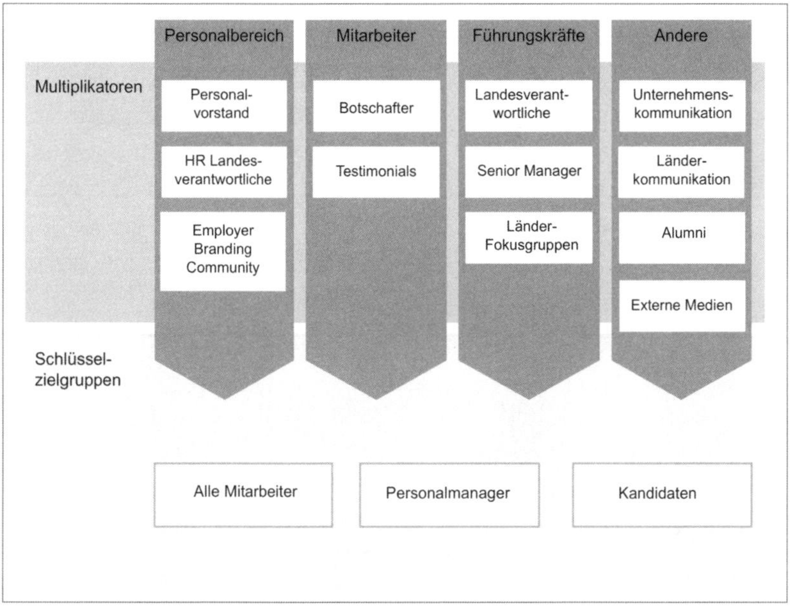

Abbildung 28: Die beispielhafte Zielgruppenbestimmung

Das leidige Thema Wettbewerb

Es ist stets aufschlussreich, oft sogar ausgesprochen wertvoll, den grundsätzlichen Umgang des Wettbewerbs mit dem Thema Employer Branding zu betrachten: Welcher EVP wird proklamiert, wie in Sachen Employer Branding gearbeitet? Hat der Wettbewerb mit den gleichen Herausforderungen zu kämpfen? Und wer ist der Wettbewerb wirklich, welche Branchen, welche Unternehmen bewerben die gleiche Zielgruppe? Erst wenn all diese Fakten vorliegen, ist es sinnvoll, eigene Ziele zu formulieren, denn erst dann ist zu ermessen, wie herausfordernd einerseits und wie realistisch andererseits diese Ziele sind. Die folgende Abbildung zeigt beispielhaft das Ergebnis einer Wettbewerbsanalyse.

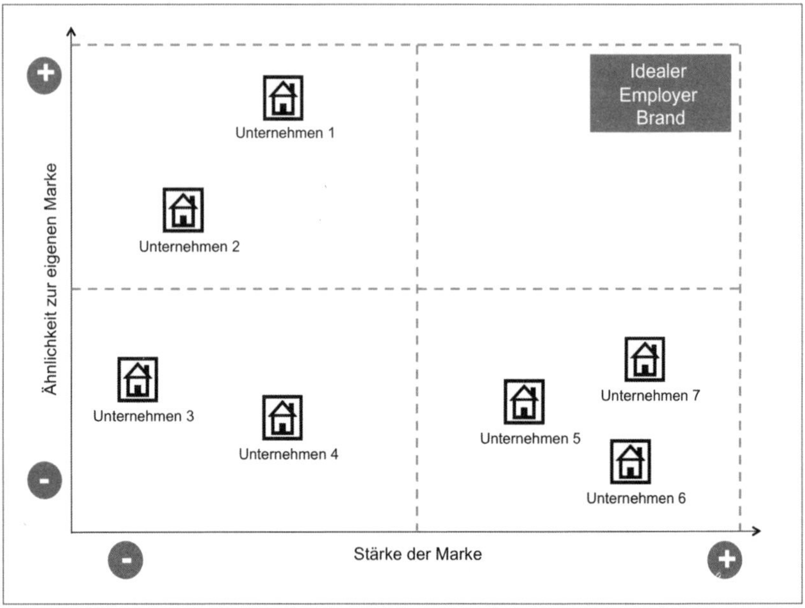

Abbildung 29: Die beispielhafte Wettbewerbsbetrachtung

3.1.1.3 Zieldefinition

Wenn Ausgangslage und Zielgruppe feststehen, können klare Ziele und Meilensteine formuliert werden: Was will man mit einer Employer-Branding-Offensive in den nächsten drei Jahren erreichen? Eine andere Quantität an Bewerbern? Oder eine andere Qualität? Oder eine allgemein verbesserte Wahrnehmung des Unternehmens als Arbeitgeber? Ohne klare Zielformulierung bleibt jeder Weg beliebig und jede Maßnahme willkürlich. Dass die Zielformulierung zwingend mit der strategischen Gesamtausrichtung des Unternehmens kompatibel sein muss, versteht sich von selbst.

3.1.1.4 Erarbeitung der zentralen Botschaften

Im Mittelpunkt steht hier die Formulierung des EVP, also der Vorzüge des Arbeitgebers und die auf die Wunschkandidaten zugeschnittene Nutzenargumentation: Was habe ich als Arbeitnehmer davon, bei dieser Firma zu arbeiten? Besonderes Augenmerk ist dabei auf die Glaubwürdigkeit zu legen: Ist die Nutzenargumentation im Einklang mit der Unternehmenshistorie und mit dem beobachtbaren Verhalten der handelnden Top-Manager? Lassen sich alle Nutzenaspekte und Treiber in einem Slogan verdichten – von der Wirtschaftskraft bis zur Innovation, von der Kreativität bis zur Globalität?[16] Hilfreich ist es hier oftmals, ein Questions-&-Answers-Dokument anzulegen und fortlaufend zu pflegen. Das folgende Beispiel zeigt die grundsätzliche Struktur eines zentralen Botschaften-Sets.

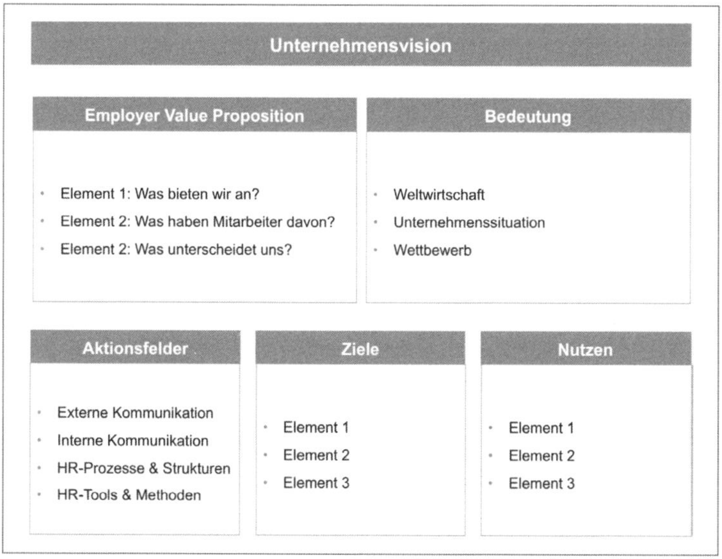

Abbildung 30: Die Struktur eines zentralen Botschaften-Sets

[16] In Barrow, S., Mosley, R., Internes Brand Management, S. 156, finden sich ca. zehn unterschiedliche Slogans mit unterschiedlichen Kategorien als Beispiele.

3.1.1.5 Herausforderungen

Von der Kunst, ein EVP zu sein

Es klingt so einfach: der EVP, der Mehrwert für Mitarbeiter. Tatsächlich ist es aber alles andere als einfach, eine Employer Value Proposition zu definieren, die spannend genug klingt, um anziehend zu wirken, gleichzeitig aber nah genug an der Realität ist, um glaubhaft zu sein. Der EVP adressiert all jene Punkte, die Talenten wichtig sind, also relevant sind und gleichzeitig aber genug Andersartigkeit bieten, um aus der Masse herauszuragen und Interesse zu wecken. Die Definition des EVP bewegt sich in einem multidimensionalen Spannungsfeld und muss sich hier erst beweisen, bevor sie das Recht auf kommunikative Verbreitung nach innen und außen erwirbt.

Partizipation schafft gemeinsamen Umsetzungswillen

In der Regel geht eine Employer-Branding-Initiative mit vielen Veränderungen einher: für die HR Community, für die Recruiter, für die Kommunikationsfachleute und nicht zuletzt auch für die Mitarbeiter, die sich ungern für einen Arbeitgeber instrumentalisieren lassen, den sie nicht wirklich mit gutem Gewissen empfehlen können. Aus diesem Grund ist es sinnvoll, von vornherein Mitarbeiter und Führungskräfte an der Erarbeitung dieser grundlegenden Elemente teilhaben zu lassen. Insbesondere die Entwicklung und Formulierung der Employer Value Proposition ist geeignet, in größeren Gruppen diskutiert und erarbeitet zu werden.

Ehrlichkeit währt am längsten

Im Rahmen des Erfolgsfaktors „Hausaufgaben zuerst" geht es aber nicht nur um Partizipation, sondern auch um Ehrlichkeit. Denn wer sich bezüglich seiner Arbeitgeberqualitäten selbstzufrieden in die eigene Tasche lügt, der wird die neuralgischen Punkte, an denen Employer Branding ansetzen müsste, nicht finden – und folglich auch nicht angehen können. Was unterscheidet mein Unternehmen wirklich vom Wettbewerb? Wie attraktiv bin ich demnach als Arbeitgeber tatsächlich? Was kann ich mir zutrauen an Wegstrecke zwischen Ausgangs- und Zielpunkt meiner Bemühungen? Was ist machbar – machbar mit dieser Organisation, ihren handelnden Menschen und ihren Restriktionen?

Der Notfallknopf

Was aber, wenn sich ergibt, dass man einfach nicht anders ist als die anderen Arbeitgeber, auch nicht anders werden kann, und wenn doch, dann nur unter unverhältnismäßigen Anstrengungen? Dann sollte man den Reset Button drücken und grundsätzlich über die weitere Unternehmensentwicklung nachdenken: Kann das Unternehmen seine Mannschaft ohne Employer Branding rekrutieren? Nicht jedes Unternehmen braucht Employer Branding – und nicht jedem Unternehmen hilft Employer Branding, im Gegenteil: Wenn ich für die Vorzüge meines Unternehmens als Arbeitgeber sensibilisiere, dann aber inhaltlich und emotional nicht Entsprechendes zu bieten habe, dann geht der Schuss nach hinten los, weil eine erhöhte Aufmerksamkeit auf ein gleichgebliebenes Niveau von Value Proposition im weitesten Sinne trifft und die Kluft zwischen Anspruch und Realität somit größer ist als zuvor. Und das macht die Sache nur schlimmer. Allerdings bin ich der Auffassung, dass jedes Unternehmen, dem bislang nicht alle Mitarbeiter weggelaufen sind, etwas zu bieten hat – häufig fehlen hier nur das Bewusstsein, das Selbstbewusstsein oder der klare Blick für die eigenen Qualitäten.

3.1.1.6 Nutzen

Die Berücksichtigung des Erfolgsfaktors „Hausaufgaben zuerst" garantiert eine sauber definierte Absprungbasis und ermöglicht es, einen klaren und realistischen Plan zu definieren, um den Employer Brand des Unternehmens zielgerichtet zu stärken. Vernachlässigt man diesen Erfolgsfaktor, stochert man bei der Auswahl der geeigneten Maßnahmen im Nebel.

3.1.1.7 Zusammenfassung

Die nachfolgende Abbildung zeigt die Dimensionen des deklinierten Erfolgsfaktors, von dessen Grobdefinition über die Aufgabenstellung und die Herausforderungen bis hin zum Ergebnis, das dieser Erfolgsfaktor liefert.

Hausaufgaben zuerst	• Wahrnehmung eines Unternehmens (intern/extern) • Stärken und Schwächen des Unternehmens als Arbeitgeber • Systematik des Employer-Branding-Ansatzes (Botschaften/Kanäle)
Aufgabenstellung	• Detaillierte Bestimmung der Ausgangssituation • Analyse von Zielgruppen, Stakeholdern und Wettbewerb • Zieldefinition • Erarbeitung der zentralen Botschaften
Herausforderungen	• Erarbeitung EVP • Partizipation • Ehrlichkeit
Nutzen	Eine sauber definierte Absprungbasis, die es ermöglicht, zielgerichtet und realistisch einen klaren Plan zu definieren, die Employer Brand des Unternehmens zu stärken

Abbildung 31: Der Erfolgsfaktor „Hausaufgaben zuerst"

3.1.2 Ein Fallbeispiel: Siemens AG

Mit über 400.000 Mitarbeitern ist die Siemens AG einer der größten Arbeitgeber weltweit. Entsprechend groß ist die Anzahl an Mitarbeitern, die das Unternehmen Jahr für Jahr neu einstellt – in den unterschiedlichsten Ländern, Branchen und für die unterschiedlichsten Jobs. Enorm groß ist daher auch die Zielgruppe potenzieller Bewerber – und damit die Zielgruppe für einen Employer Brand. Eine Arbeitgebermarke zu definieren, die die typischen Eigenschaften des Unternehmens über alle Bereichs- und Landesgrenzen hinweg beschreibt, und diese Arbeitgebermarke in allen Ländern konsistent einzuführen, ist daher zwangsläufig keine Aufgabe, die sich nebenbei erledigen lässt. Grundlage für eine erfolgreiche Implementierung ist eine systematische Vorbereitung – Hausaufgaben zuerst also!

3.1.2.1 Das Unternehmen im Profil

Die Siemens AG mit Sitz in Berlin und München ist ein weltweit führendes Unternehmen der Elektronik und Elektrotechnik. Der Konzern ist auf den Gebieten Industrie und Energie sowie im Gesundheitssektor tätig – und ist außerdem weltweit der größte Anbieter umweltfreundlicher Technologien. Mit rund 28 Milliarden Euro entfällt mehr als ein Drittel des Konzernumsatzes auf grüne Produkte und Lösungen. Insgesamt erzielte Siemens im Geschäftsjahr 2009/2010 einen Umsatz von 76 Milliarden Euro und einen Gewinn nach Steuern von 4,1 Milliarden Euro. Ende September 2010 hatte das Unternehmen weltweit rund 405.000 Beschäftigte, davon ca. 128.000 Mitarbeiter in Deutschland.

Siemens steht seit über 160 Jahren für technische Leistungsfähigkeit, Innovation, Qualität, Zuverlässigkeit und Internationalität. Der Konzern beschäftigt sich auch heute mit den aktuellen Megatrends: Die Herausforderungen des Klimawandels, der Urbanisierung, der Globalisierung und des demografischen Wandels werfen drängende Fragen auf. Um Antworten zu finden, setzt Siemens auf Mitarbeiter, die sich trauen, diese Fragen zu stellen: weltoffene, neugierige Menschen, die ein umfassendes Verständnis von der Welt haben, in der wir leben – sowie kreative und zielorientierte Teamworker, die engagiert und innovativ Ideen voranbringen.

3.1.2.2 Die Grundphilosophie

Bei einem weltweit operierenden Großunternehmen wie Siemens wundert es kaum, dass auch Employer Branding als globales Thema betrachtet wird. Ziel ist dabei nicht nur ein möglichst einheitliches Auftreten in allen Ländern, in denen Siemens aktiv ist. Ein einheitliches Employer Branding ermöglicht auch, diejenigen Stärken zu identifizieren und schließlich zu vermarkten, die zur DNA des Unternehmens Siemens gehören – und zwar unabhängig von allen regionalen Unterschieden und Besonderheiten.

Eine globale Employer Value Proposition (EVP) soll eine starke Arbeitgebermarke möglich machen, die den wahren und weltweit gültigen Kern des Unternehmens repräsentiert. Ein weltweit einheitliches und starkes Auftreten ist alleine schon deswegen besonders wichtig, weil in einem globalen Arbeitsmarkt die Top-Talente längst auch weltweit rekrutiert werden.

Extern wie intern

Zum Grundverständnis von Employer Branding gehört bei Siemens, alle Mitarbeiter zum einen als Zielgruppe, zum anderen als Träger und Multiplikatoren der Employer Value Proposition zu verstehen. Für Kerstin Wagner, die die Abteilung Global Talent Acquisition bei Siemens leitet, ist Employer Branding daher weit mehr als nur eine groß angelegte Kampagne:

„Alle schönen Worte sind vergebens, wenn unsere Mitarbeiter nicht auch zu Botschaftern unseres Unternehmens werden und den Employer Brand nach außen tragen. Immerhin handelt es sich um mehr als 400.000 Menschen weltweit! Insgesamt wird unser Unternehmen als attraktiver Wunsch-Arbeitgeber wahrgenommen, wenn alles zusammenpasst: Wann immer ein Kandidat mit Siemens in Berührung kommt, muss er einen widerspruchsfreien, stimmigen Eindruck bekommen – alle Touchpoints sind wichtig."

Zu einem widerspruchsfreien und stimmigen Eindruck gehört auch, die EVP eng an den Corporate Brand des Unternehmens anzulehnen. Für Kerstin Wagner ist der Employer Brand daher „der menschliche Teil der Marke Siemens“.

Employer Branding als umfassender Talent-Acquisition-Ansatz

Für Siemens ist die Employer-Branding-Initiative ein Teil eines umfassenden Talent-Acquisition-Ansatzes, der darüber hinaus vier weitere Kernelemente beinhaltet: Recruitingprozesse und Recruitingstandards, University Relations, Einstiegsprogramme für High Potentials sowie eine globale Recruitingplattform. Nur durch die enge Verzahnung und die intensive Bearbeitung kann nach Ansicht der Verantwortlichen gewährleistet werden, dass Talent Acquisition und insbesondere Employer Branding professionell gemanagt werden.

3.1.2.3 Der Plan und Prozess

Ausgangspunkt für die umfassenden Employer-Branding-Aktivitäten waren die Entwicklungen und Veränderungen in den verschiedenen Talentmärkten. Um mit einer starken Position in den Wettbewerb um die besten Talente gehen zu können, reichten die vorhandenen lokalen Maßnahmen und Programme nicht aus. Außerdem verfügte Siemens bis zum Start des Projekts über keine global einheitliche Darstellung als Arbeitgeber. Eine Positionierung als attraktiver Arbeitgeber wurde aber als Grundvoraussetzung dafür erkannt, dass sich Bewerber weiterhin und auch verstärkt für Siemens entscheiden.

Ende 2008 proklamierte der damalige Personalvorstand Siegfried Russwurm (heute ist er Mitglied des Vorstands und CEO des Industry Sectors), dass die Siemens AG für die Talentiertesten ein attraktiver Arbeitgeber bleiben müsse. Als Konsequenz sollte die Siemens AG ihr Image als Arbeitgeber überprüfen und in die Entwicklung des Globalen Employer Brands investieren:

„Wir brauchen heute ebenso wie in Zukunft die besten Mitarbeiter, um dauerhaft den Erfolg unseres Unternehmens zu sichern. Dafür wollen wir uns von unserer besten Seite präsentieren: durch ein herausragendes Employer Branding, das unsere Value Proposition eindeutig, attraktiv und unverwechselbar kommuniziert, ebenso wie durch Recruiting-Prozesse und Standards, die unsere Kandidaten-Hitrate effizient und effektiv erhöhen.“

Die Abteilung Global Talent Acquisition startete im Jahr 2009 eine weltweite Employer-Branding-Initiative in vier Phasen: von der Analyse über die Entwicklung der Employer Value Proposition und die Umsetzung zielgerichteter Maßnahmen nach innen und außen – wie die Entwicklung einer globalen Kampagne – bis hin zur Erfolgskontrolle. In diesem Kapitel werden lediglich die Phasen 1 bis 3 dargestellt, da die Umsetzung Gegenstand eines anderen Unternehmensbeispiels sein wird. Die folgende Abbildung zeigt die Prozess-Schritte im Überblick. (Quelle: Siemens)

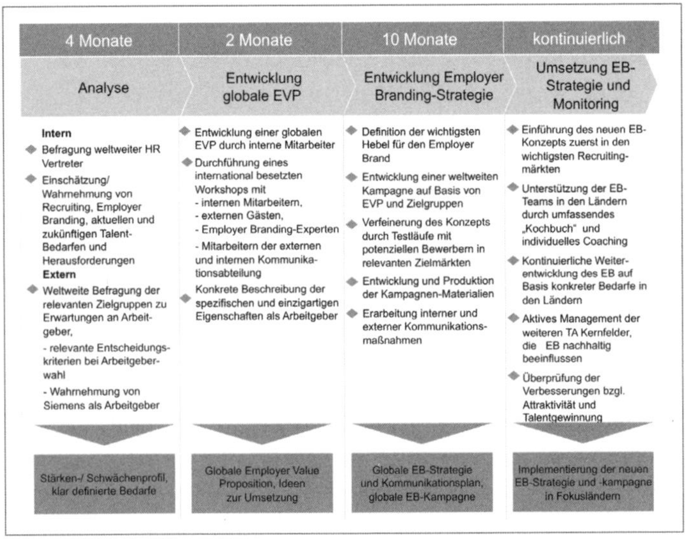

Abbildung 32: Der Employer-Branding-Entwicklungsprozess bei Siemens im Überblick

Die zentrale Kampagne

Intern wurden die Mitarbeiter mit einer eigenen Website für die EVP und die Kampagne begeistert; für externe Kandidaten wurden komplett neu entwickelte Jobs-&-Karriere-Seiten freigeschaltet, die gemäß EVP gestaltet wurden. Das war auch der Startschuss für die externe Kommunikation. Die folgende Abbildung zeigt die interne Kampagne für die Siemens-Mitarbeiter. (Quelle: Siemens)

Abbildung 33: Der neue Employer Brand der Siemens AG

Im Mittelpunkt der Kampagne stehen stets die Siemens-Mitarbeiter, die ihre eigenen Erfahrungen mit dem Arbeitgeber vermitteln und somit einen authentischen Einblick in ihre tägliche Arbeit sowie ihre individuellen Erlebnisse und Erfahrungen geben. Diese vielfältigen Einblicke und Motive in die Welt eines Global Players vermitteln sowohl Videos im Siemens-Internet, aber auch Print- und Job-Anzeigen, die in den unterschiedlichsten internen Kommunikationsmedien verstärkend geschaltet werden.

3.1.2.4 Die Umsetzung des Erfolgsfaktors

Zu den Hausaufgaben, die letztlich die Basis für die weltweite Employer-Branding-Initiative bilden sollten, zählten vor allem eine fundierte Analyse der Erwartungen potenzieller Bewerber sowie zweitens ein sehr strukturierter Workshop zur Definition der EVP. Darauf basierend wurde dann die Kampagne entwickelt.

Phase 1: Analyse

Wie wird Siemens wahrgenommen? Woran denken Studenten, Absolventen oder Berufserfahrene zuerst, wenn sie den Namen Siemens hören? Und was erwarten sie von Siemens als Arbeitgeber? Das sind Fragen, die gleich zu Beginn gestellt wurden. Aber auch: Was erhoffen sich Bewerber überhaupt von ihrem Job? Was sind die wichtigsten Entscheidungskriterien bei der Arbeitgeberwahl? Und natürlich: Wie erleben Mitarbeiter Siemens – was macht Siemens weltweit einzigartig als Arbeitgeber? Als erster Schritt wurden intern die Recruiting- und Branding-Prozesse und -strukturen analysiert, mit Recruitern, Personal- und Businessverantwortlichen gesprochen und die interne Sicht zusammengestellt; anschließend wurde der Handlungsbedarf definiert und geklärt: Wie passen externe Sicht und Erwartungen mit der internen Realität und Wahrnehmung zusammen? Die Antworten wurden aus Studien zusammengetragen, in Befragungen erhoben, in Einzelgesprächen diskutiert und geklärt. Extern verfügbare Untersuchungen lieferten zudem Ergebnisse zu den Erwartungen und Wünschen der Arbeitsuchenden.

Für Kerstin Wagner war die Klärung der Erwartungen Grundlage für jede weitere Arbeit:

„Die Erwartungen an Siemens als Arbeitgeber nehmen zu. Das globale Talent Acquisition musste daher sehr genau analysieren, was für Studenten, Hochschulabsolventen und Berufserfahrene wichtig ist. Uns war klar, dass dies die Voraussetzung ist, die Besten für uns zu gewinnen.“

Phase 2: Entwicklung einer Employer Value Proposition
Um nun zu klären und auch festzuhalten, was Siemens ausmacht und was sich das Unternehmen letztlich auch selbstbewusst auf die Fahnen schreibt, kamen Siemens-Mitarbeiter aus aller Welt in einem dreitägigen Workshop im schweizerischen Biel zusammen: 55 Teilnehmer aus 23 Nationen, zudem 25 externe Experten. Sie erarbeiteten, was Siemens als Arbeitgeber charakterisiert. Außerdem entwickelten die Teilnehmer eine Vielzahl von Ideen zur Darstellung dieser Arbeitgeberqualitäten, von denen 21 nach dem Workshop weiterverfolgt und zum Teil umgesetzt wurden.

3 Tage Workshop, 55 Teilnehmer, 23 Nationen
Bei der Auswahl der Mitarbeiter wurde in besonderem Maße darauf geachtet, eine möglichst große Vielfalt zu gewährleisten; so wurden unterschiedliche Nationalitäten eingeladen, Vertreter aus jeder Hier-

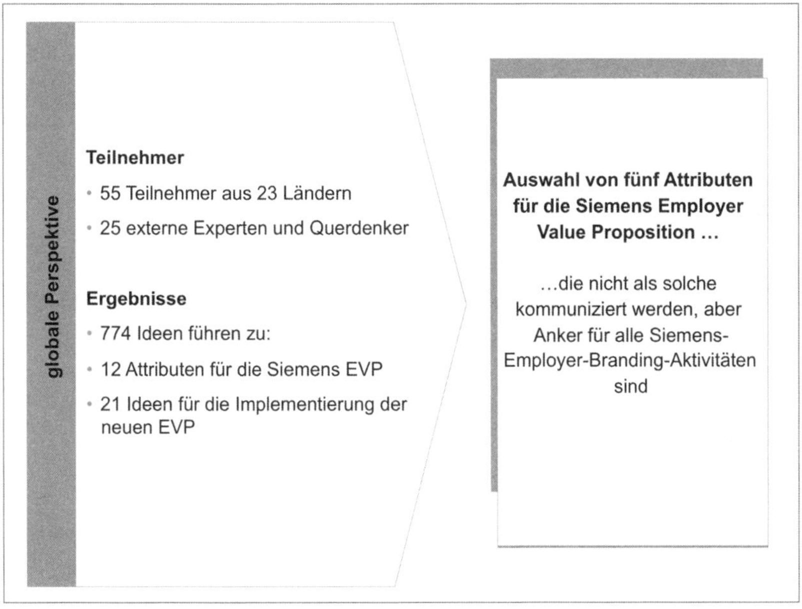

Abbildung 34: Der EVP-Workshop bei Siemens

archiestufe, Mitarbeiter aus den unterschiedlichsten Berufsgruppen, Kollegen mit unterschiedlicher Dauer der Firmenzughörigkeit, und natürlich Männer und Frauen. Auch die externen Teilnehmer repräsentierten unterschiedlichste Länder und Branchen. Abbildung 34 zeigt die Dimension des Workshops. (Quelle: Siemens)

774 Ideen, 5 Attribute

Die Workshop-Teilnehmer entwickelten in den drei Tagen über 774 Ideen. Diese wurden diskutiert, bewertet, zusammengefasst, erneut diskutiert – und führten schließlich zu zwölf Attributen, die Siemens beschreiben. Im Nachgang zu dem Workshop verdichtete ein Kernteam mit dem Employer-Branding-Team um Kerstin Wagner die 12 Vorschläge zu den fünf finalen Attributen der Employer Value Proposition. Erwähnt werden muss noch, dass diese finalen fünf Attribute als solche nicht einzeln kommuniziert werden; sie bilden aber den Anker und die Basis für alle Maßnahmen und Aktivitäten rund um das Employer Branding.

Phase 3: Entwicklung der Employer-Branding-Kampagne als Teil der Employer-Branding-Strategie

Die Fakten lagen auf dem Tisch. Nun galt es, das Besondere, das den Arbeitgeber Siemens charakterisiert, in eine Kampagne zu übertragen. Das heißt, Werte und EVP-Attribute in Worte, Bilder, in Emotionen und Formate zu übersetzen, die idealerweise genau diejenigen Menschen ansprechen, die Siemens sucht: offene, neugierige und exzellente Mitarbeiter, die sich den drängenden Fragen unserer Zeit stellen. So wurde ein erstes Konzept entwickelt, das sowohl der EVP als auch den Siemens-Werten verpflichtet war. Die Kampagne sollte an die Siemens Kampagne „Answers" anknüpfen und darauf aufbauen.

Für einen breit angelegten Test wurden Zielgruppen, Ziele, Medien, Bilderwelten und Themenfelder aufbereitet, es wurde befragt und geprüft, wieder getestet, nachjustiert und schließlich finalisiert.

Das Rennen machte: „Dare to ask." – oder „Finden Sie's heraus" auf Deutsch. „Dare to ask." dient als übergeordnetes Motto für die gesamte globale Employer-Branding-Kampagne. Die folgende Abbildung zeigt die Dimensionen der Untersuchung im Überblick. (Quelle: Siemens)

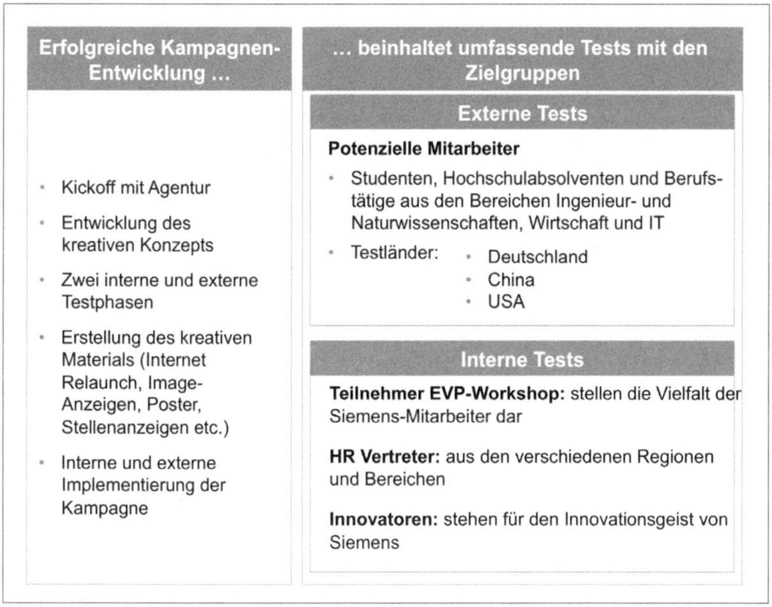

Abbildung 35: Die Untersuchung zur Kampagne

3.1.2.5 Das Ergebnis

Die Analyse externer Erwartungen und die intensive Auseinandersetzung mit den Eigenschaften, die das Unternehmen in seiner Gänze auszeichnen, versetzte Siemens in die Lage, ein gut durchdachtes und sehr systematisches Employer Brandig aufzusetzen. Die weltweit konsistente und erfolgreiche Employer-Branding-Kampagne zu starten, war dabei nur einer von vielen Meilensteinen. Für Kerstin Wagner war auch der internationale Ansatz entscheidend:

„Neu war die internationale Ausrichtung des Projekts, denn mit unserem globalen Employer-Branding-Ansatz haben wir es geschafft, einen Rahmen zu schaffen, um unsere Attraktivität weltweit zu stärken. Das konnten wir nur erreichen, weil wir alle intern Beteiligten eingebunden haben. Geholfen hat uns hier ein klarer Auftrag und die volle Unterstützung des Managements."

Neben der aktuellen Kampagne arbeitet die Siemens AG weiterhin kontinuierlich an ihrer Employer-Branding-Strategie und verfolgt dabei stets einen holistischen Ansatz: Employer Branding ist einer von vielen wichtigen Hebeln eines erfolgreichen Talent-Acquisition-Ansatzes – neben anderen wie Recruiting, University Relations oder den Einstiegsprogrammen für Studenten und Absolventen.

3.2 Erfolgsfaktor 2: Nicht losgelöst

3.2.1 Der Erfolgsfaktor im Licht von Theorie und Praxis

Erklärung des Erfolgsfaktors

Jegliche Arbeitgebermarke muss eingebettet werden in die Gesamtmarkenstrategie, von ihrer Entwicklung bis hin zu ihrer kontinuierlichen Umsetzung. Sämtliche Aussagen müssen zusammenpassen, ebenso die optische und inhaltliche Umsetzung – schließlich ist der Employer Brand ja nur eine Facette der Gesamtmarke. Somit muss die Arbeitgebermarke genau wie die Gesamtmarke auf die Ziele, die Strategie und das Leitbild des Unternehmens einzahlen: Es geht um Passgenauigkeit und grundsätzliche Glaubwürdigkeit. Marke und Arbeitgebermarke einerseits und Arbeitgebermarke und Unternehmensstrategie andererseits sind untrennbar miteinander verbunden.

3.2.1.1 Marke und Arbeitgebermarke

Employer Branding als Teil der Unternehmensmarke

Employer Branding als Teil der Gesamtmarkenstrategie eines Unternehmens wurde bereits in Kapitel 2 unter „Arbeitsdefinitionen" und „Employer Branding als Markenstrategie" erläutert. Dieser Kontext bedeutet eine grundlegende und auch kontinuierliche Abstimmung von Inhalten und Optik des Employer-Branding-Ansatzes. Leider ist es in der Praxis oftmals der Fall, dass der Employer Branding-Verantwortliche aus dem HR-Lager kommt und nicht gewohnt ist, seine Belange mit der Markenstrategie abzustimmen. Eine Arbeitgebermarke kann jedoch niemals losgelöst von der Gesamtunternehmensmarke agieren, weder in der Konzeption noch in der Umsetzung.

Markensteuerrad für Employer Branding

Markensteuerräder erleichtern Markenstrategen die Arbeit, geben sie doch einen Überblick über die vier relevanten Dimensionen der

Marke. Warum also nicht das Markensteuerrad auf die Belange des Employer Brands adaptieren?[17] Für die Umsetzung bietet es sich dann in einem zweiten Schritt an, das Employer-Branding-Markensteuerrad mit dem allgemeinen Markensteuerrad des Unternehmens abzugleichen.

Abbildung 36: Das Employer-Branding-Markensteuerrad

3.2.1.2 Unternehmensleitbild und Arbeitgebermarke

Das Unternehmensleitbild als Grundlage

Was hat das Unternehmensleitbild mit dem Arbeitgeber-Image zu tun? Ein Leitbild wirkt sinnstiftend für das Kollektiv und den Einzelnen, begrenzt Einzelinteressen und Egoismen, reduziert Komplexität

[17] Ein Beispiel für das Unternehmen L'Oréal findet sich bei Wiese, D., Employer Branding, S. 52.

und gibt Orientierung. Ein Leitbild wirkt aber auch motivierend jenseits materieller Anreize, indem es eine besonders erstrebenswerte Zukunftsvision wirksam werden lässt: Die Soll-Ist-Differenz wirkt stimulierend und setzt Energien frei. Ein Leitbild wirkt aber auch handlungsleitend, bündelt Kräfte und richtet das Handeln aller Mitarbeiter einem Kompass gleich in eine einheitliche Richtung, auf ein gemeinsames Ziel aus. Darüber hinaus hat ein Leitbild auch legitimierende Wirkung, indem die gemeinsam erarbeitete und gewünschte Entwicklungsrichtung auf eine quasi rechtlich verbindliche Basis gestellt wird. Ein Leitbild wirkt somit nicht nur nach innen, sondern geradezu automatisch auch nach außen. Eine Arbeitgebermarke kann nicht losgelöst vom Unternehmensleitbild konzipiert werden, geschweige denn Inhalte transportieren.

Vision und Employer Branding

Eine Vision ist das Abbild derjenigen zukünftigen Wirklichkeit, die man erklärtermaßen erreichen möchte: Was soll in fünf bis zehn Jahren in der Financial Times über das Unternehmen zu lesen sein? Eine Vision muss ein ambitioniertes Ziel sein, das unter günstigsten Bedingungen erreicht werden kann – die obere Grenze einer realistischen Zielsetzung. Das ganze Unternehmen muss sich auf die Vision ausrichten können. Eine Vision definiert nicht, wie man zum Ziel kommt, sondern den Zustand, den man zum Ziel hat. Mit anderen Worten: Eine Vision (lat. Erscheinung) zu haben, bedeutet, ein motivierendes und faszinierendes Zukunftsbild des Unternehmens zu entwerfen – und selbstverständlich kann solch ein faszinierendes Bild auch Kandidaten anziehen: Weil es zu ihrer ganz persönlichen Vision von ihrem Leben passt, weil es ihren Ehrgeiz weckt oder aber weil es ihren Gestaltungswillen anspricht.

Die Mission und ihr Zusammenhang mit Employer Branding

Eine Mission enthält den übergeordneten Auftrag eines Unternehmens – dieser stellt eine Verpflichtung gegenüber sämtlichen Anspruchsgruppen dar. Eine Mission ist wesentlich kurzfristiger als die Vision. Sie beschreibt, was ein Unternehmen unternimmt, um seine Vision zu erreichen. Sie definiert den Unternehmenszweck ohne Zeitbezug – welchen Mehrwert bietet die Entscheidung eines Kunden für das Unternehmen im Vergleich zum Wettbewerb? Eine Mission schließt alle wesentlichen Geschäftsfelder ein und stellt spezifische eigene und noch zu entwickelnde Kompetenzen dar – ein weiterer, wesentlicher Anknüpfungspunkt für die Arbeitgebermarke. Auch hier wird der Bewerber nach Anknüpfungspunkten zu seiner persönlichen Sicht suchen: Was für einen Nutzen möchte er stiften als Mensch und als Arbeitnehmer?

Werte und Employer Branding

Unternehmenswerte sind Ausdruck grundsätzlicher Wertvorstellungen von Eignern, Führungskräften und Mitarbeitern eines Unternehmens. Werte vermitteln, was dem Unternehmen in der Zusammenarbeit und im Umgang miteinander wichtig ist – innerhalb des Unternehmens genauso wie außerhalb, beispielsweise im Umgang mit Partnern, Kunden oder Bewerbern. Die Herausforderung liegt darin, die Werte von der abstrakten Ebene in das tägliche Leben und in die tatsächliche Geschäftspolitik zu transportieren: Nur so können Werte die Handlungsweisen, Entscheidungen und Motive aller Unternehmensmitglieder sowie den zwischenmenschlichen Umgang jederzeit prägen. Durch die Mitwirkung aller entwickelt sich eine unternehmensweite, wertorientierte Unternehmenskultur – eine wesentliche Voraussetzung für extern wahrgenommene Attraktivität und Glaubwürdigkeit. Studien zufolge sind den meisten Talenten die Unternehmenskultur und die Werte wichtiger als alles andere. Insofern ist auch hier der Abgleich zwischen Leitbild und Selbstdarstellung als Arbeitgeber erfolgskritisch. Außerdem gilt: Der Kandidat wird sein persönliches Wertesystem abgleichen mit dem Wertesystem und der Wunschkultur des Unternehmens – und nur bei ausreichender Übereinstimmung das Unternehmen als Arbeitgeber in Betracht ziehen.

Das Unternehmensleitbild als Anziehungspunkt für Talente

Kandidaten und Arbeitnehmer wünschen sich im Allgemeinen ein Unternehmen, zu dem sie passen: in ihrer Gesamtheit als Individuum, besonders aber bezüglich ihres Wertesystems. Dem Unternehmen geht es da nicht anders: Sein Wunschkandidat weist in seinen Werten ebenfalls eine maximale Kongruenz mit dem Unternehmensleitbild auf und steckt sich ebenso ambitionierte Ziele für seine private Entwicklung wie das Unternehmen in seiner Vision. Eine maximale Korrelation der Werte, Ziele und in punkto Ehrgeiz zwischen Unternehmen und Kandidat stellt den Idealfall dar, oder mit anderen Worten: Gleich und gleich gesellt sich gern. Die folgende Abbildung veranschaulicht den Zusammenhang zwischen dem individuellen und dem unternehmerischen Leitbild.

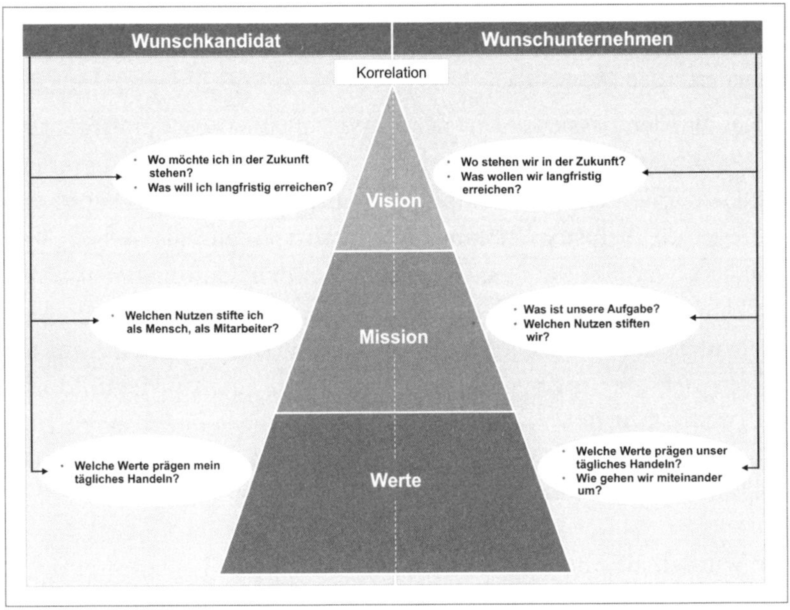

Abbildung 37: Die Korrelation zwischen Unternehmens- und Kandidatenleitbild

3.2.1.3 Arbeitgebermarke und Unternehmensstrategie

Die Unternehmensstrategie formuliert die Positionierung

Zentrales Ergebnis eines jeden Unternehmensstrategieprozesses ist die Positionierung eines Unternehmens. Sie liefert die Vorgabe, den Rahmen für sämtliche unternehmerischen Aktivitäten und somit auch für den EVP: Eine Employer Value Proposition, die der Unternehmensnutzenargumentation zuwider läuft, ist somit unmöglich – oder sollte es zumindest sein. Denn wer denkt, eine Öffentlichkeit potenzieller Arbeitnehmer und eine allgemeine Öffentlichkeit sauber trennen und unterschiedlich ansprechen zu können, der setzt sowohl die Glaubwürdigkeit des EVPs auf Spiel als auch die gesamte Unternehmensglaubwürdigkeit. Erneut gilt: Employer Branding kann nie losgelöst von der Unternehmensstrategie agieren.

3.2.1.4 Herausforderungen

Wahrheit oder Trugbild?

Immer wieder passiert es in der Praxis, dass – von der Unternehmensidentität weitgehend losgelöst – Wunschvorstellungen von potenziellen Talenten in das Employer-Branding-Markensteuerrad und somit in die Selbstdarstellung des Unternehmens als Arbeitgeber projiziert werden, während die tatsächlichen Unternehmenswerte und Unternehmensleitbilder unberücksichtigt bleiben. Zentrale Aussagen über die Positionierung eines Unternehmens als Arbeitgeber müssen sich aber zwingend logisch schlüssig aus dem Leitbild und den Unternehmenswerten ableiten lassen. Ist dies nicht der Fall, ist entweder die Arbeitgeberpositionierung ein frei erfundenes Wunschbild, um zu gefallen – oder aber das Leitbild eine Farce.

Der Wunsch als Vater des Gedankens

Dass ein frei erfundenes Märchen vom perfekten Arbeitgeber als Employer Brand nicht in Frage kommt, ist klar: Spätestens im Gespräch mit den Kollegen, wahrscheinlich aber auch durch die eigenen Erfahrungen der ersten Tage werden diese Aussagen dann vom frisch angeheuerten Arbeitnehmer wehmütig innerlich korrigiert. Oft genug sind Vision, Mission und Werte innerhalb der Organisation nicht bekannt, geschweige denn Vehikel einer Unternehmenskultur. Damit einher geht dann die berechtige Frage, ob in diesem Unternehmen Wahrhaftigkeit gelebt wird: Oft genug ist der Wunsch Vater des Gedanken.

Kooperation statt Alleingang

Nicht losgelöst von Unternehmensstrategie, Unternehmensleitbild und Markenstrategie zu agieren, bedeutet natürlich interdisziplinäre Zusammenarbeit. In der Regel müssen Strategen, Marketingexperten sowie Fachleute der Unternehmenskommunikation und der Personalpolitik an einen Tisch – kein einfaches Unterfangen: viele Spieler, viele Spielregeln, viele Spielziele – mit anderen Worten: ein mühsames Geschäft. Trotzdem führt an einer Kooperation kein Weg vorbei und immerhin verspricht ein starker Employer Brand für langwierige Diskussionen, Abstimmungen und Interessensabgleiche zu entschädigen.

3.2.1.5 Nutzen

Die Berücksichtigung des Erfolgsfaktors „Nicht losgelöst“ sorgt für eine kongruente Darstellung des Unternehmens nach außen, von der Positionierung über das Leitbild und die Marke bis hin zur Arbeitgeberattraktivität. So können diese Säulen einander stützen, Synergieeffekte entstehen. Anders ausgedrückt: Eingesetzte Mittel werden mehrfach wirksam. Darüber hinaus fördern übereinstimmende Botschaften über verschiedene Kanäle hinweg die Glaubwürdigkeit, sowohl die der Botschaft, als auch die des Senders. Vernachlässigt man diesen Erfolgsfaktor hingegen, besteht kaum eine Chance, positive Ausstrahleffekte von Leitbild, Unternehmensmarke und Positionierung für die Gewinnung von Talenten zu nutzen.

3.2.1.6 Zusammenfassung

Die nachfolgende Abbildung zeigt erneut die Dimensionen dieses Erfolgsfaktors.

Nicht losgelöst	• (Erfolgreiche) Einbettung von Employer Branding in die Markenstrategie • Passgenauigkeit von Arbeitgebermarke und Unternehmenskultur/ Leitbild • Glaubwürdigkeit der Employer Value Proposition
Aufgabenstellung	• Abgleich der Arbeitgebermarke mit der Gesamtmarke • Abgleich mit dem Unternehmensleitbild • Abgleich mit der Positionierung des Unternehmens
Herausforderungen	• Passgenauigkeit und damit • Glaubwürdigkeit
Nutzen	Kongruente Darstellung des Unternehmens nach außen, von der Positionierung über das Leitbild und die Marke bis hin zur Arbeitgeberattraktivität. Dadurch: Positive Ausstrahleffekte von Leitbild, Unternehmensmarke und Positionierung nutzen für die Gewinnung von Talenten

Abbildung 38: Der Erfolgsfaktor „Nicht losgelöst"

3.2.2 Ein Fallbeispiel: Bertelsmann AG

Gruner + Jahr ist wohl der bekannteste Zeitschriftenverlag Deutschlands und auch RTL als deutschen privaten Fernsehsender kennt jeder. Die Tatsache, dass der Konzern Bertelsmann hinter RTL, Gruner + Jahr und einigen weiteren Marken steht, ist dagegen weniger bekannt. Für das Medienunternehmen kein Problem, schließlich setzt es bewusst auf die hohe Selbständigkeit der Unternehmensbereiche sowie deren starke Eigenmarken. Doch für die erfolgreiche Positionierung einer Arbeitgebermarke stellt dieser Umstand durchaus eine Herausforderung dar. Umso wichtiger war es für Bertelsmann, die Arbeitgebermarke als zwingende Folge aus dem Markenkern des Gesamtkonzerns abzuleiten.

3.2.2.1 Das Unternehmen im Profil

Die Bertelsmann AG mit Hauptsitz in Gütersloh ist ein in mehr als 50 Ländern operierendes Medien- und Dienstleistungsunternehmen und der größte Medienkonzern in Europa. Bertelsmann produziert Medien, leistet Dienste rund um Medien und vertreibt Medien. Zum Unternehmen gehören die RTL Group als Nummer eins im europäischen Fernseh- und Rundfunkgeschäft, die weltweit führende Publikumsverlagsgruppe Random House, der Zeitschriftenverlag Gruner + Jahr, der Medien- und Kommunikationsdienstleister Arvato und schließlich die Direct Group als führender Betreiber von Medienclubs, Buchhandlungen, e-Commerce-Aktvitäten, Verlagen und Distributionsfirmen.

Gegründet wurde Bertelsmann bereits im Jahr 1835. Reinhard Mohn übernahm 1947 das bis dahin mittelständische Druck- und Verlagshaus in der fünften Familiengeneration der Bertelsmann-Eigentümer und baute es zu einem der größten Medienkonzerne der Welt aus. Im bewusst sehr dezentral organisierten Bertelsmann-Konzern erwirtschaften heute knapp 105.000 Mitarbeiter einen jährlichen Umsatz von fast 16 Milliarden Euro (2010).

Die Bertelsmann AG ist eine nicht börsennotierte Aktiengesellschaft. Die Kapitalanteile der Bertelsmann AG werden zu 80,9 Prozent von Stiftungen gehalten (Bertelsmann Stiftung, Reinhard Mohn Stiftung, BVG-Stiftung), zu 19,1 Prozent mittelbar von der Familie Mohn.

3.2.2.2 Die Grundphilosophie

Aufgrund der dezentralen Struktur der Bertelsmann AG, der sehr eigenständigen Unternehmensbereiche und der unterschiedlichen Positionierung der Unternehmensteile gibt es bei Bertelsmann mehr als nur einen Employer Brand. Bereiche wie die RTL Group oder Gruner + Jahr sind für das Recruiting von Spezialisten wie Journalisten, Kameraleuten oder etwa Druckern selbst verantwortlich. Bei der Suche nach Personal treten sie mit ihrem eigenen starken Markennamen auf – damit einher geht ein eigenständiges Employer Branding. Die zentrale Managemententwicklung der Bertelsmann AG, die auch für das Employer Branding verantwortlich ist, unterstützt die verschiedenen Divisionen daher vorrangig bei der Besetzung der 400 bis 500 Top-Management-Positionen im gesamten Konzern sowie mit einigen strategischen Nachswuchsprogrammen. Mit dem Slogan „Create Your Own Career" richtet sich Bertelsmann vor allem an High Potentials, die letztlich eine dieser Top-Positionen im Unternehmen anstreben.

Im Wettbewerb mit den Consumer Brands

In Anbetracht der über 100.000 Bertelsmann-Mitarbeiter ist die Zielgruppe des eigentlichen Bertelsmann Employer Brandings also eher klein, wenngleich auch sehr bedeutend für den Gesamtkonzern. Um neben den starken Consumer Brands der Unternehmensbereiche dennoch auch die Bertelsmann AG als Arbeitgeber erfolgreich zu positionieren, ist für Dr. Nico Rose, Director Corporate Management Development, eine hohe Konsistenz zwischen Unternehmenskultur und Employer Brand besonders wichtig:

„Als Dachmarke eines dezentralen Konzerns ist es enorm wichtig, dass unsere Bewerber klar erkennen, was die Philosophie von Bertelsmann ausmacht – unabhängig von den Geschäftsbereichen."

Dr. Hays Steilberg, Senior Vice President Corporate Development, ergänzt:

„Wir haben immer wieder Umstrukturierungen, Käufe und Verkäufe von Unternehmensteilen, aber die übergreifende Ausrichtung von Bertelsmann als Unternehmen der kreativen Unternehmer bleibt gleich. Das muss durch unser Employer Branding klar werden."

3.2.2.3 Der Plan und Prozess

Bei Bertelsmann fiel die Entscheidung, sich als Arbeitgeber strategisch neu zu positionieren, im Jahr 2007. In den Ranglisten der Top-Arbeitgeber war das Unternehmen im Vergleich zu den Vorjahren spürbar abgerutscht; die Zahl der Bewerber, die ein Jobangebot von Bertelsmann ablehnten, stieg im gleichen Zeitraum deutlich. Ein neues Employer-Branding-Konzept wurde für nötig erachtet, um die Attraktivität von Bertelsmann als Arbeitgeber wieder zu erhöhen, um Bertelsmann als „Unternehmen für Unternehmer" besser zu positionieren und um eine positive Langzeitwirkung hinsichtlich Bewerberqualität und Bewerberverhalten zu erzielen. Den Gesamtprozess zeigt die folgende Abbildung. (Quelle: Bertelsmann)

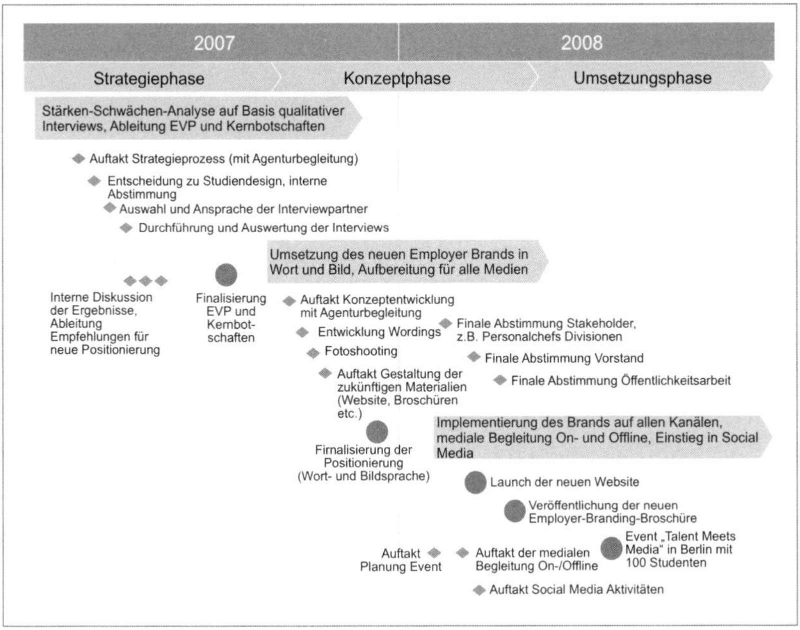

Abbildung 39: Der Prozess bei Bertelsmann im Überblick

In einem ersten Schritt wurden mit Unterstützung einer Marketing-Beratung 60 qualitative Interviews geführt; mit aktuellen Bewerbern – gerade auch solchen, die sich letztlich für ein anderes Unternehmen entschieden haben – sowie aktuellen und ehemaligen Mitarbeitern. Die Ergebnisse der Befragung versetzten Bertelsmann in die Lage, die Treiber für die Arbeitgeberwahl der relevanten Zielgruppe zu beschreiben, herauszufinden, wie Stärken und Schwächen des Unternehmens von der Zielgruppe wahrgenommen werden, und schließlich Anhaltspunkte für eine zielgruppenspezifische Wahrnehmung abzuleiten. Die zielgruppenübergreifenden und spezifischen Themen der Befragung zeigt der folgende Überblick. (Quelle: Bertelsmann)

Abbildung 40: Die Themen und Zielgruppen der initialen Befragung

Besondere Stärken herausarbeiten

Der Abgleich der wichtigsten Entscheidungstreiber mit der entsprechenden Wahrnehmung der Bertelsmann AG brachte eine innerhalb der Zielgruppe besonders gefragte Stärke hervor: Bertelsmann bietet neuen Mitarbeitern die Möglichkeit, als „Unternehmer im Unternehmen“ schnell Verantwortung zu übernehmen. Diese und weitere Erkenntnisse wurden schließlich mit dem Bertelsmann Markenkern und den vier Grundwerten, den sogenannten „Bertelsmann Essentials“ abgeglichen. Es entstand „Create Your Own Career.“

Fokussierung bei den Kommunikationskanälen

Kern der Employer-Branding-Maßnahmen und damit auch der Darstellung dieser Stärke der Bertelsmann AG sind heute die Karriere-Webseite und die Social-Media-Aktivitäten des Unternehmens. Dr. Nico Rose legt besonderes Augenmerk darauf, auf Plattformen wie Facebook, Twitter, XING und YouTube zeitgemäß aufzutreten und im direkten Kontakt mit der Zielgruppe zu sein.

Abbildung 41: Die Web- und Social-Media-Seiten der Bertelsmann AG

Auf Print-Anzeigen, beispielsweise in Hochschulzeitungen, verzichtet Bertelsmann mittlerweile weitgehend; stattdessen sollen gezielt die webaffinen Bewerber angesprochen werden. Abbildung 41 vermittelt einen Eindruck davon. (Quelle: Bertelsmann)

3.2.2.4 Die Umsetzung des Erfolgsfaktors

Für Bertelsmann ist „Create Your Own Career" ein Programm und eine Erwartung zugleich. Es ist eine Aufforderung an die High Potentials, ihr Unternehmer-Talent als Führungskraft bei Bertelsmann organisch weiterzuentwickeln. „Von der Marke zur Arbeitgebermarke" – unter diesem Motto standen von Anfang an alle Maßnahmen, die schlussendlich zu „Create Your Own Career" führten. Dass die Arbeitgebermarke aus der Unternehmensmarke abgeleitet werden muss, war für Bertelsmann also stets eine Selbstverständ-

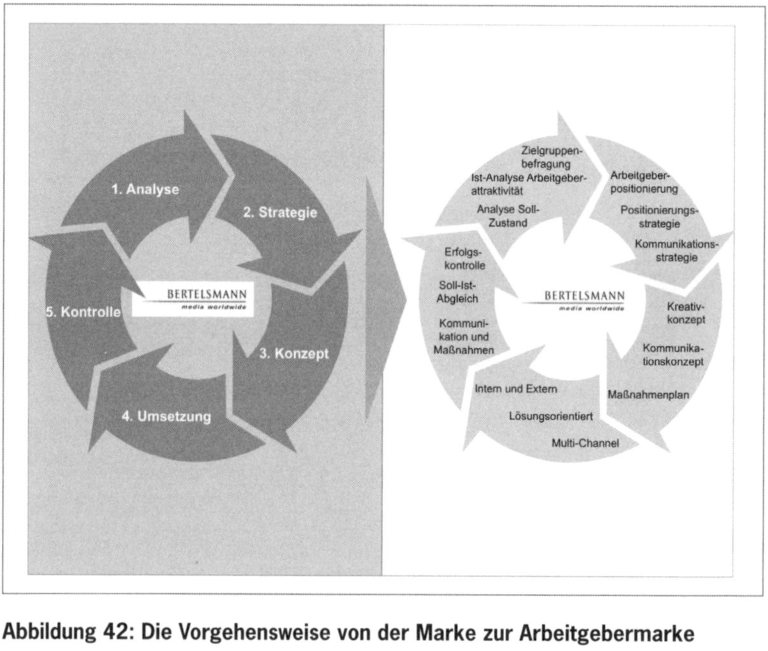

Abbildung 42: Die Vorgehensweise von der Marke zur Arbeitgebermarke

lichkeit. Abbildung 42 zeigt schematisch das Vorgehen bei der Übertragung der Unternehmensmarke auf den Employer Brand. (Quelle: Bertelsmann)

Markenkern und Grundwerte

Und in der Tat zeigt der Abgleich der Arbeitgebermarke mit Bertelsmanns Markenkern und den Bertelsmann Essentials eine überzeugende Konsistenz. Der Markenkern lautet „Spirit to Create"; die vier Grundwerte sind „Partnerschaft", „Unternehmergeist", „Kreativität" und „gesellschaftliche Verantwortung". Die folgende Abbildung zeigt den Ausgangspunkt der Entwicklung: die Unternehmenswerte von Bertelsmann. (Quelle: Bertelsmann)

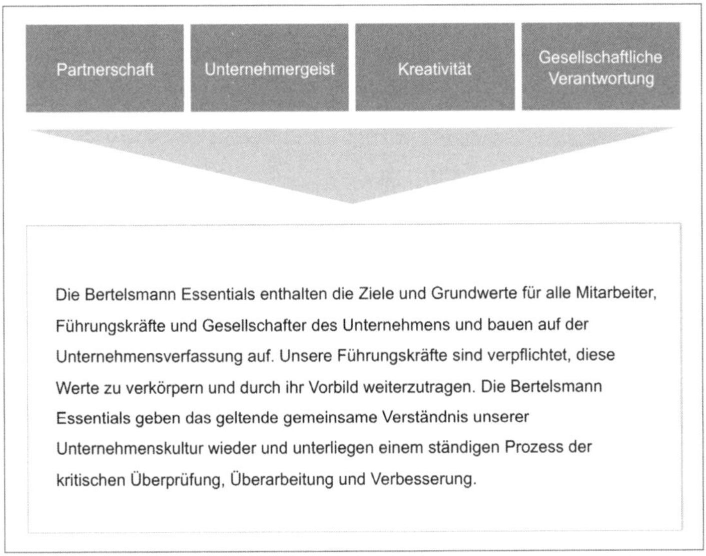

Abbildung 43: Die Unternehmenswerte als Basis des Employer Brandings

Für die Positionierung als Arbeitgeber griff man nun vor allem auf die zwei Essentials „Kreativität" und „Unternehmertum" zurück. Bertelsmann formuliert das so:

„Als unabhängiger Konzern mit starken Unternehmensmarken wie RTL, G+J, Random House, Arvato und Direct Group bietet Bertelsmann infolge seiner dezentralen Strukturen unternehmerische Freiheiten mit schneller Verantwortungsübernahme sowie sehr gute Aufstiegsmöglichkeiten in den Divisionen wie auch in der Konzernzentrale. Machen Sie Karriere im Netzwerk der Bertelsmann-Unternehmen und gestalten Sie die Medien- und Dienstleistungswelt von morgen mit."

Die Arbeitgeberpositionierung ist eine direkte Folge aus der Unternehmensrealität und Kultur bei Bertelsmann. Und diese Kultur ist ein Ergebnis der Unternehmensgeschichte, die maßgeblich von Reinhard Mohn geprägt wurde. Sehr früh schon übergab Mohn Verantwortung an leitende Mitarbeiter. Drucktechnik, Buchbinderei, Vertrieb: Mohn lagerte Verantwortung aus, machte Unternehmensbereiche sehr schnell zu selbständigen Einheiten. Ihre Leiter sollten dabei agieren wie eigenständige Unternehmer – Reinhard Mohn schenkte ihnen sein Vertrauen und stattete sie mit allen Freiheiten aus, die sie benötigten. Bis heute gilt: Operative Entscheidungen liegen bei Bertelsmann in den Händen derer, die das Tagesgeschäft betreiben – getreu dem Motto: Vielfalt durch Dezentralität.

Direkter Kontakt

Der direkte Kontakt ist Rose besonders wichtig. Oberflächlichen Gesprächen auf Recruiting-Messen zieht er Workshops mit potenziellen Kandidaten vor. So veranstaltet Bertelsmann beispielsweise mit „Talent Meets Bertelsmann" regelmäßig einen zweitägigen Workshop, zu dem 50 gezielt ausgewählte Top-Studenten eingeladen werden. Diese haben hier die Gelegenheit, im Team unternehmerische Fallstudien zu bearbeiten, die immer auf aktuellen Herausforderungen der Divisionen von Bertelsmann basieren. Alle Ergebnisse werden schließlich dem Bertelsmann-Vorstand präsentiert. Die folgende Abbildung zeigt die Agenda eines solchen Workshops. (Quelle: Bertelsmann)

Talent Meets Bertelsmann 2011

Mittwoch, 20. Juli 2011 // Bertelsmann Repräsentanz, Unter den Linden 1

15:00 Uhr	**Begrüßung und Einleitung** Hays Steilberg, Senior Vice President Corporate Management Development der Bertelsmann AG
15:30 Uhr	**Direkter Start mit der kreativen Aufgabe zum Kennenlernen:** Video: Die Medienwelt im Jahr 2030
18:00 Uhr	**Begrüßung** Dr. Immanuel Hermreck, Konzernpersonalchef der Bertelsmann AG Thorsten Strauß, EVP Corporate Communications der Bertelsmann AG
18:30 Uhr	**Get-Together, Barbecue auf der Dachterrasse**
23:00 Uhr	**Ende Auftaktabend**

Donnerstag, 21. Juli 2011 // Bertelsmann Repräsentanz, Unter den Linden 1

09:00 Uhr	**Begrüßung und Bekanntgabe der Workshop-Aufgaben** Hartmut Ostrowski, Vorstandsvorsitzender der Bertelsmann AG
09:30 Uhr	**Start der Workshops**
15:45 Uhr	**Präsentationen der Workshopergebnisse** Jury: Vorstand der Bertelsmann AG Auditorium: Personalchefs, Unternehmensvertreter aller Divisionen & CC Moderation: Jochen Schropp (X-Factor)
18:30 Uhr	**Transfer zur Abendlocation**
19:00 Uhr	**Transfer der Jury zur Abendlocation**

BERTELSMANN
media worldwide

Talent Meets Bertelsmann 2011

Abendveranstaltung // Labels 2 Berlin

19:00 Uhr	**Get together, Fingerfood**
19:30 Uhr	**Preisverleihung** Moderation: Jochen Schropp (X-Factor)
21:30 Uhr	**Live Act** Edita Abdieski (X-Factor)
anschl.	**Networking/Party (open end)**

Freitag, 22. Juli 2011 // Bertelsmann Repräsentanz, Unter den Linden 1

09:00 Uhr	**Feedback in den einzelnen Workshops**
10:00 Uhr	**Individuelles Karrierecoaching für jeden Teilnehmer**
11:00 Uhr	**Mittagsimbiss, anschl. Abreise**

Locations

Bertelsmann Repräsentanz
Unter den Linden 1
10117 Berlin

Labels 2
Stralauer Allee 10
10245 Berlin

BERTELSMANN
media worldwide

Abbildung 44: Die Agenda des Workshops „Talents Meet Bertelsmann"

Auch die Karriere selbst gestalten

Zum Verständnis von eigenverantwortlichem Arbeiten gehört aber nicht nur die Verantwortung für den anvertrauten Geschäftsbereich, sondern auch eine Verantwortung für die eigene Karriere. Bei Bertelsmann ist es keine Seltenheit, bereits nach zwölf oder 15 Monaten Betriebszugehörigkeit ein eigenes Projekt mit einigen Mitarbeitern zu führen; gleichzeitig sind diese Karrierewege aber auch nicht fest vorgezeichnet. Menschen, die ihre Karriere selbst in die Hand nehmen, die ihren Werdegang kreativ selbst gestalten, sind nach Überzeugung von Konzernchef Hartmut Ostrowski am besten geeignet, den Anforderungen eines solch dezentral organisierten Unternehmens gerecht zu werden:

„Bertelsmann schöpft seine Kraft aus einer Unternehmenskultur, die sich in vielen Jahren als Schlüssel zum Erfolg bewährt hat.

Wesentliche Elemente dieser Kultur sind Unternehmergeist und die Delegation von Verantwortung. Wir wollen die unternehmerischen Freiräume, die sich daraus ergeben, offensiv nutzen. Top-Talente sollen noch stärker für unser Unternehmen begeistert werden. Wir wollen sie an uns binden und weiterentwickeln. Genau deswegen ist konsistentes und integriertes Employer Branding für uns so wichtig."

Es ist dieses Selbstverständnis – ein Unternehmen für kreative Unternehmer zu sein –, das die Marke Bertelsmann und die Bertelsmann Essentials geprägt hat. Und es ist das gleiche Selbstverständnis, das folgerichtig auch die Arbeitnehmermarke prägt. Damit folgen Markenkern, Grundwerte und Arbeitgeberpositionierung der historisch gewachsenen und tatsächlich gelebten Unternehmenskultur.

3.2.2.5 Das Ergebnis

Es sind zahlreiche Auszeichnungen, die den Erfolg von „Create Your Own Career" belegen: Bertelsmann belegte im Potentialpark Ranking 2010 Platz 1 für die beste Karrierewebseite in Deutschland und den USA. Bertelsmann wurde aber auch mit dem dapm Award für die beste Employer-Branding-Kampagne 2009 ausgezeichnet und bekam den Deutschen Personalwirtschaftspreis 2009 für webbasiertes Employer Branding. Das sind beachtiche Erfolge. Wichtiger als all diese Auszeichnungen und Bewertungen ist für Dr. Nico Rose aber die Recruiting-Effizienz – und auch sie ist deutlich gestiegen:

„Unser Fazit ist klar. Nach der Initialzündung im Jahr 2008 kommen zwar nicht unbedingt mehr Bewerbungen für unsere Top-Positionen, aber mehr passende Bewerber. Wir können also mehr Bewerbern ein Angebot machen. Und die Zahl derer, die dieses Angebot ablehnen, ist stetig gesunken. Wir sprechen mit unserer Positionierung also diejenigen Interessenten an, die auch zu unserem Unternehmen passen. Und diese Erfolge erreichen wir in den letzten beiden Jahren praktisch komplett ohne teure Print-Werbung."

3.3 Erfolgsfaktor 3: Wie aus einem Guss

3.3.1 Der Erfolgsfaktor im Licht von Theorie und Praxis

Erklärung des Erfolgsfaktors

Kommunikationsabteilungen sind häufig sehr kreativ, wenn es darum geht, ihre Botschaften zu formulieren oder in eine bestimmte Optik zu fassen. „Wie aus einem Guss“ meint, dass sämtliche textlichen und visuellen Umsetzungen der zu kommunizierenden Botschaften komplett aufeinander abgestimmt sein müssen. Die einzelnen Kommunikationsmittel müssen wirken wie die Glieder einer Kette: durch eine übergreifende Logik, durch eine einheitliche Sprache und durch einen einheitlichen Look. Mit anderen Worten: Es geht um konsistente Botschaften und deren konsistente Gestaltung, um konsistente Maßnahmenplanung sowie um Kontinuität und Globalität. Das gilt für sämtliche interne und externe Kommunikationsmittel, von Anzeigen, Flyern, Microsites bis hin zu Recruiter-Intranet und interner Broschüre.

Konsistente Botschaften & Corporate Employer Branding Wording

Es sagt sich so leicht und doch ist es schwer: über eine längere Zeit hinweg Inhalte konsistent zu vermitteln. Mal ist es ein Mangel an Disziplin, mal ein Überschuss an Ideen – doch am Ende steht oft eine Vielfalt, die sich der Adressat der Botschaft kaum merken kann und die mit der Zeit auch droht, in sich widersprüchlich zu werden. Die einzige Art und Weise, diesem Phänomen wirkungsvoll zu begegnen, ist, die Inhalte festzuschreiben und bei jeder weiteren und neuen Kommunikationsmaßnahme den Abgleich mit dem bestehenden Material einzufordern und auch zu überprüfen.

Konsistente Gestaltung

Der Inkonsistenz in der Gestaltung wird man am besten ganz klassisch Herr, indem man für das Employer Branding eine Corporate-

Design-Richtlinie entwirft: mit eigener Bilderwelt, eigener Farbwelt und eigenem Slogan, selbstverständlich immer im Einklang mit der übergreifenden Corporate-Design- und Corporate-Identity-Richtlinie. Nur so entsteht echter Wiedererkennungswert, innen und außen. Dies ist ein elementarer Faktor, um in den Augen der Zielgruppen über alle Maßnahmen hinweg als konsistent, schlüssig und zusammenhängend empfunden zu werden. Hier lohnt der Aufwand.

In sich stimmige Maßnahmenplanung

Maßnahmen müssen in der zeitlichen und logischen Folge aller Einzelaktivitäten aufeinander abgestimmt werden. Und sie müssen aufeinander aufbauen. Die Dramaturgie will medienübergeifend geplant sein, damit die einzelnen Medien sich optimal ergänzen und aufeinander verweisen können. Denn den potenziellen Bewerber bei jedem einzelnen medialen Kontakt mit der gesamten Darstellung des eigenen Employer Brand konfrontieren zu können, ist utopisch. Daher ist es notwendig, spezifische Botschaften über verschiedene Kanäle zu spielen: Imagepflege wird beispielsweise mit einer Imagebroschüre gut zu leisten sein, konkrete und aktuelle Informationen rund um Stellenausschreibungen und Ausbildungsprogramme sind im Internet dagegen besser aufgehoben. Prinzipiell gelten in der Employer-Branding-Maßnahmenplanung die gleichen Grundsätze wie in der gesamten Markenkommunikation: Die einzelnen Elemente eines Maßnahmenkatalogs müssen ineinandergreifen und zusammenpassen.

Kontinuität und Globalität

Jegliche Kommunikation und sämtliche Maßnahmen müssen also wie aus einem Guss wirken. In diesen Guss muss auch die Dimension der Zeit einfließen, um Kontinuität zu gewährleisten. Ziel ist es, die Botschaften im zeitlichen Verlauf kontinuierlich zu wiederholen, zu vertiefen, sie aber nicht grundlegend zu verändern. Eine zusätzliche Herausforderung in globalen Unternehmen ist die Heterogenität der

Zielgruppe. Daraus resultiert gelegentlich zwangsläufig, dass gerade um der Einheitlichkeit willen unterschiedlich kommuniziert werden muss, denn im interkulturellen Kontext wird ein und dieselbe Botschaft oft ganz unterschiedlich interpretiert. Wollen wir also einen bestimmten Inhalt global vermitteln, müssen wir dazu gelegentlich auf unterschiedliche Aussagen zurückgreifen, die Botschaft nicht Wort für Wort, sondern semantisch übersetzen und an kulturelle Gegebenheiten anpassen. Hier lohnt es unbedingt, mit professionellen Übersetzern aus den jeweiligen Zielkulturen zu arbeiten.

3.3.1.1 Herausforderungen

Kreativität ohne Grenzen

Der Kreativität des Menschen sind bekanntlich kaum Grenzen gesetzt und für so manchen Designer oder Texter ist es fast eine Frage der Ehre, immer wieder neue, elegante Wege zu finden, ein und denselben Inhalt zu transportieren. Nur geht es hier nicht um das Ehrgefühl von Kreativen, sondern einzig um die Wahrnehmungsgewohnheiten, Lernkapazitäten und Merkfähigkeiten einer Zielgruppe, die noch nicht einmal die Absicht hat, sich die kommunizierten Inhalte einzuprägen. Viele Variationen sind hier kontraproduktiv.

Langeweile durch Monotonie

Selbstverständlich ist auch das gegenteilige Extrem zu vermeiden: zu viel Gleichklang. Stringenz und Konsistenz dürfen nicht zu Monotonie und Spannungsarmut führen. Insofern muss sorgfältig ausbalanciert werden, was zu wiederholen und was zu variieren ist. Ideal ist sicher ein gleichbleibender Kern, um den sich kleinere inhaltliche und optische Varianten ranken.

3.3.1.2 Nutzen

Je konsistenter Botschaften inhaltlich und optisch dargeboten werden, desto leichter werden sie gelernt und erinnert – und desto besser werden die Kerninhalte bei der Zielgruppe ankommen und haften bleiben. Gerade im Stimmengewirr der Unternehmen wird dasjenige Unternehmen die größten Lerneffekte bei der Zielgruppe erreichen, das wenige, klare und sich wiederholende Botschaften sendet.

3.3.1.3 Zusammenfassung

Die nachfolgende Abbildung zeigt den Umfang der Aufgaben des Erfolgsfaktors „Wie aus einem Guss".

Wie aus einem Guss	• Konsistente Botschaften • In sich stimmige Maßnahmenplanung • Kontinuität und Globalität
Aufgabenstellung	• Konsistente Gestaltung • Schaffung eines Wiederkennungswertes • Kommunikation der Botschaft im interkulturellen Kontext
Herausforderungen	• Kreativität beugt sich nicht gerne der Disziplin • Langeweile durch Monotonie darf nicht entstehen
Nutzen	Je konsistenter Botschaften und Optik der Darbietung dieser Botschaften sind, desto leichter werden Merk- und Lernfähigkeit – desto besser werden die Kerninhalte bei der Zielgruppe ankommen und haften bleiben.

Abbildung 45: Der Erfolgsfaktor „Wie aus einem Guss"

3.3.2 Ein Fallbeispiel: Unilever Deutschland Holding GmbH

Über 400 Marken, darunter Dove, Langnese, Knorr, Axe und Rama, bekannt und beliebt beim Endverbraucher: Eine hohe Identifikation seiner Mitarbeiter mit diesen über 400 Consumer Brands kann der Konsumgüterhersteller Unilever wohl voraussetzen. Warum also sollte er auch noch das Unternehmen Unilever als Arbeitgebermarke positionieren – und dann auch noch „aus einem Guss"? Vielleicht gerade deshalb: um Silodenken zu vermeiden. Und um die Mitarbeiter über die Grenzen der Marken hinweg von den gemeinsamen Stärken des gesamten Unternehmens zu überzeugen.

3.3.2.1 Das Unternehmen im Profil

Unilever ist einer der größten Anbieter von Konsumgütern für den täglichen Bedarf. Zu den über 400 Marken in 14 Kategorien gehören unter anderem Nahrungsmittel wie BiFi, Knorr, Langnese, Lätta, Pfanni und Rama, Haushalts- und Reinigungsmittel wie Coral oder Viss sowie Körperpflegemarken wie Axe, Rexona, Dove oder Signal. Mit all diesen Produkten will Unilever den Menschen helfen, sich gut zu fühlen, gut auszusehen und mehr vom Leben zu haben. Täglich kommen zwei Milliarden Menschen weltweit mit einem der Produkte von Unilever in Berührung.

Das britisch-niederländische Unternehmen wurde 1930 gegründet. In Deutschland ist Unilever seit mehr als 80 Jahren aktiv. Weltweit erwirtschaften 167.000 Mitarbeiter einen Gesamtjahresumsatz von 44,3 Milliarden Euro (2010). Unilever betreibt 264 Werke in etwa 60 Ländern. Der deutsche Firmensitz ist das prämierte sogenannte „Grüne Haus" in Hamburg.

Nachhaltige Geschäftsentwicklung

Unilever legt großen Wert auf eine nachhaltige Entwicklung des Geschäfts. So formuliert das Unternehmen das Ziel, seine Größe zu verdoppeln und gleichzeitig die Auswirkungen auf die Umwelt zu verringern. Im Dow Jones Sustainability Index schaffte es Unilever im Supersector Food & Beverage zum zwölften Mal in Folge auf Platz 1. Unilever investiert knapp eine Milliarde Euro pro Jahr in Forschung und Entwicklung und betreibt fünf Laboratorien rund um den Globus, um neue Methoden und Techniken zu erforschen, die helfen, neue Produkte zu entwickeln.

3.3.2.2 Die Grundphilosophie

Es gehört zu Unilevers Grundverständnis, Employer Branding als integralen Bestandteil der Geschäfts- und Personalstrategie zu sehen. Für Nikolina Kopping, Leadership Development Manager der Region Deutschland, Österreich und der Schweiz, ist Employer Branding eng verzahnt mit allen anderen Maßnahmen rund um die Personalentwicklung:

„Employer Branding losgelöst zu betrachten, würde viel zu kurz greifen. Talent Management und Employer Branding gehören zusammen – beide sind wesentliche Bestandteile von Leadership Development und letztlich unserer gesamten Personalpolitik. Wenn wir die richtigen Talente für unser Unternehmen begeistern und schließlich bei uns entwickeln wollen – wir sprechen übrigens in diesem Zusammenhang nicht von High Potentials, sondern von Right Potentials –, dann müssen alle Botschaften und Maßnahmen konsistent sein. Von daher haben wir alle Maßnahmen rund um das Employer Branding in eine Gesamtstrategie eingebettet.“

Nicht zuletzt dieser gesamtheitlichen Betrachtung ist es zu verdanken, dass Employer Branding – als Teil der gesamten Personalentwicklung – eine extrem hohe Aufmerksamkeit im Unilever-Vorstand genießt. So werden Strategie und Maßnahmen regelmäßig mit der Unternehmensleitung diskutiert und gemeinsam beschlossen.

Aus dem Geschäft heraus

Employer Branding ist bei Unilever aber nicht nur eng mit der Gesamt-Personalstrategie verknüpft: Employer Branding ist darüber hinaus auch mit dem restlichen Unternehmen verzahnt. Für Melanie Them vom Expertise Team Leadership Development DACH ist das Entwickeln und Leben einer erfolgreichen Arbeitgebermarke längst nicht nur ein Thema für die Personalabteilung:

„In unserer Abteilung sind wir vier Mitarbeiter – und Employer Branding ist nur eine unserer Aufgaben. Ohne die Unterstützung aus dem operativen Geschäft heraus könnten wir nie so erfolgreich sein. Wir müssen also das gesamte Unternehmen mit einbeziehen. Zum Beispiel, indem unsere Mitarbeiter und auch das Management an Hochschulmessen präsent sind oder fachspezifische Vorträge an Universitäten halten. Zum anderen aber auch, indem jeder Mitarbeiter unsere Kultur auch wirklich lebt. Denn schließlich wollen wir vor allem authentisch und nachhaltig sein. Wenn die neuen Mitarbeiter die von uns propagierte Kultur im Unternehmen nicht wiederfinden, dann bekommen wir ein Problem."

3.3.2.3 Der Plan und Prozess

Employer Branding im Sinne einer eigenen Arbeitgebermarke ist für Unilever nichts Neues. Mit der Kampagne „Could it be U" begab sich das Unternehmen schon vor mehr als zehn Jahren auf die Suche nach den richtigen Talenten. Die „Want More"-Kampagne wurde in 2007 entwickelt, um diejenigen Right Potentials spezifisch anzusprechen, die die Arbeitgebermarke und das Unternehmen bereits kannten. Zu diesem Zeitpunkt fand im gesamten Unternehmen ein Umdenken statt. Unilever begann, die Strategien der unzähligen Marken und Geschäftseinheiten zu vereinheitlichen.

Expertise Team

Um die strategische Umsetzung zu unterstützen, wurde 2007 das Expertise Team Leadership Development der Region Deutschland, Österreich und der Schweiz gegründet. Heute entwickelt, implementiert und koordiniert das Team unter anderem alle Maßnahmen rund um Talent Management, Performance Management und das Employer Branding – und gewährleistet so einen konsistenten Auftritt des gesamten Unternehmens.

Kooperationen und Events

Klassische Werbemittel wie Kampagnen sind wie auch die Social-Media-Aktivitäten nur ein kleiner Teil aller Maßnahmen, die auf eine Stärkung der Arbeitgebermarke abzielen. Darüber hinaus setzt Unilever auf zahlreiche Kooperationen, beispielsweise mit der studentischen Initiative MTP oder mit Lehrstühlen der Universität Hamburg; Unilever ist Förderer von Unica, einer Initiative zur Förderung des weiblichen Führungsnachwuchses, sowie der Alanus Hochschule für Kunst und Gesellschaft. Zudem bietet Unilever zahlreiche Workshops, Exkursionen und Events. Ein besonderes Highlight ist beispielsweise die Hamburg Company Tour, bei der rund 300 Studenten namhafte Hamburger Großunternehmen kennenlernen können. Auf dem Programm stehen hier Vorträge, Werksbesichtigungen und ein abschließendes Rotating Dinner.

Trainee-Programme

Einen wesentlichen Anteil an einer starken Arbeitgebermarke haben nicht zuletzt die Trainee-Programme. Im zweiten Jahr dieses 24-monatigen Programms kehren die Trainees an eine Universität zurück, betreuen dort einen Studenten und führen eine Veranstaltung durch. So werben Talente neue Talente. Alle Maßnahmen werden einmal pro Jahr für das laufende Geschäftsjahr geplant. Die übergeordnete Strategie umfasst einen Zeitrahmen von drei bis fünf Jahren. Die folgende Abbildung zeigt eine Darstellung des Gesamtprozesses. (Quelle: Unilever)

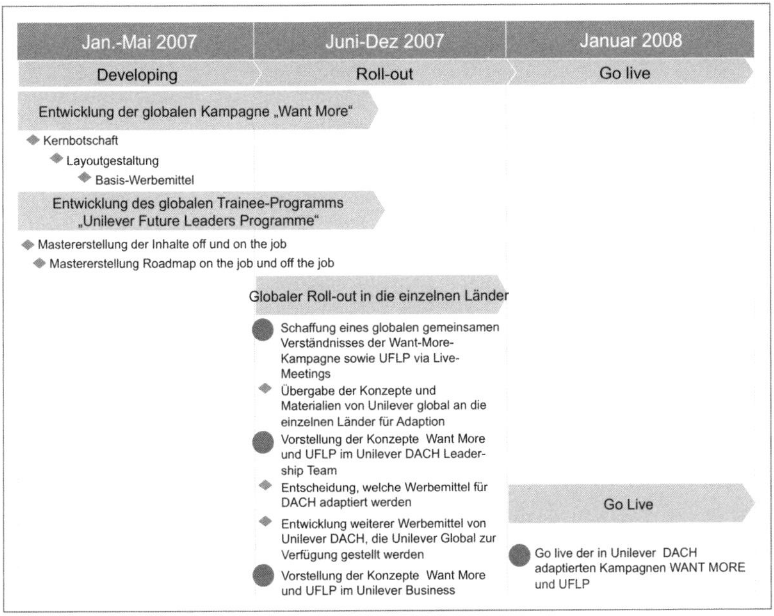

Abbildung 46: Der Prozess bei Unilever im Überblick

3.3.2.4 Die Umsetzung des Erfolgsfaktors

Globale Strategie – lokale Umsetzung

Die Gesamtstrategie des Employer Brandings wird global entwickelt und von den Landesgesellschaften lokal umgesetzt – individuell abgestimmt auf und angepasst an die lokalen Gegebenheiten. Allerdings ist es nicht das Unternehmensheadquarter, das diese globale Strategie zentralistisch vorgibt: Bei der Entwicklung dieses weltweit gültigen Strategie-Rahmens sind die Länder stets fest eingebunden. Melanie Them beschreibt die Vorteile dieses Ansatzes:

„Die globale Strategie ist ein Ergebnis der Zusammenarbeit aller Länder. Wir sind hier für Deutschland, Österreich und die Schweiz zuständig und gleichzeitig Teil eines europäischen Teams. Wir bringen unsere Erfahrungen in die gesamte Organisation ein. Und auch, wenn wir vor Ort sehr frei sind in der konkreten Umsetzung der

Maßnahmen, so ist es doch zwingend notwendig, dass wir global einen Rahmen vorgeben und gewährleisten, dass wir überall auf der Welt die gleiche Sprache sprechen. Schließlich wollen wir weltweit die gleichen Right Potentials für unser Unternehmen begeistern. Mit einer weltweit einheitlichen Arbeitgebermarke haben wir für diese Talente sozusagen eine gemeinsame Währung.“

Sowohl für die „Could it be U“-Kampagne als auch für die „Want More“-Kampagne existieren Guidelines, die weltweit vorgeben, wie die Werbemittel gestaltet werden müssen. Damit ist Einheitlichkeit garantiert. Die Entscheidung hingegen, welche Werbemittel produziert und wie diese eingesetzt werden, liegt bei den Teams vor Ort. Die folgende Abbildung zeigt die Kampagne „Want More“. (Quelle: Unilever)

Abbildung 47: Die Unilever-Kampagne „Want More“

Neben den Anzeigenkampagnen in Print-Medien, neben Bannerwerbung und Anzeigen auf Online-Plattformen, setzt Unilever auch verstärkt auf Social Media und Web 2.0 – alles in der gleichen Optik und mit den gleichen Kernaussagen. Neben der Neugestaltung der Karriereseiten erweiterte Unilever beispielsweise auch die Facebook Brandpage um ein sogenanntes „Self Assessment Tool". Außerdem wirbt das Unternehmen mit Plakaten und Tischaufstellern an für Unilever wichtigen Universitäten für Wirtschafts- oder Ingenieurswissenschaften.

Dass alles zusammenpasst, zeigt die folgende Abbildung: Bannerwerbung auf Special Interest Sites, hier das Studentenwerk Dresden und Frankfurter Allgemeiner Hochschulanzeiger. (Quelle: Unilever)

Abbildung 48: Ein konsistentes Layout bei Special-Interest-Groups-Werbung

Dass es Unilever gelungen ist, trotz des diversifizierten Portfolios und der breiten Aufstellung die Arbeitgebermarke wie aus einem Guss zu gestalten, lässt sich auf drei Ebenen erklären.

Teil der Gesamtstrategie

Employer Branding wird nicht losgelöst von anderen Personalthemen betrachtet, es ist vielmehr ein fester Bestandteil der gesamten Personalstrategie. Damit kann Unilever gewährleisten, dass nicht nur die Employer-Branding-Kampagne an sich aus einem Guss verwirklicht wird, sondern auch alle anderen Personalmaßnahmen im Sinne einer konsistenten Arbeitgebermarke umgesetzt werden. Ob Recruiting, Weiterbildung, Performance Management, Coaching – Employer Branding ist mit all diesen Themen eng verzahnt, die ihrerseits wieder die Arbeitgebermarke beeinflussen. Ein einheitliches Auftreten Unilevers als Arbeitgeber wird so also in jederlei Hinsicht gewährleistet.

Globale Strategie

Eine weltweite Employer-Branding-Strategie, klar definierte Guidelines, einheitliche Kampagnen, Botschaften und Aussagen: All das ermöglicht es Unilever, Talente aus allen Ländern – und in allen Ländern – mit einer konsistenten Arbeitgebermarke anzusprechen und für das Unternehmen zu begeistern.

Alles über einen Tisch

Das durch den Vorstand proaktiv unterstützte Expertise Team gewährleistet, dass alle Einzelmaßnahmen von einem kleinen Team koordiniert und abgestimmt werden. Aufgabe des Teams ist es dabei nicht, alle Maßnahmen selbst umzusetzen. Dazu ist es aufgrund seiner Größe weder in der Lage noch wäre dies wünschenswert – garantiert doch erst eine starke Einbindung des operativen Geschäfts bis ins obere Management die geforderte Authentizität und Glaubwürdigkeit. Das Expertise Team aber prüft und beurteilt, welche

Maßnahmen im Sinne der Personalstrategie zielführend sind – und welche nicht. So halten Unilever-Vorstände beispielsweise regelmäßig Vorträge, aber nur an jenen Universitäten, die für Unilever von strategischer Relevanz sind. Weiter führen Manager Workshops für Studenten durch, die diesen wichtige Einblicke in die Markenwelt Unilevers und die Unternehmenskultur geben.

Alles aus einem Guss – das ist für Unilever also weit mehr als nur ein einheitliches Look and Feel bei den Werbemitteln. Alles aus einem Guss – das heißt, Employer Branding in alle relevanten Strukturen des Unternehmens einzubinden.

3.3.2.5 Das Ergebnis

Seit Jahren gehört Unilever zu den 30 Top-Arbeitgebern im Bereich Business. Im trendence Absolventenbarometer 2011 (Business Edition) liegt Unilever auf Rang 25. Vor allem aber hat es Unilever geschafft, als eigenständige Marke wahrgenommen und geschätzt zu werden – für Personalchef Ulf Werkmeister – verantwortlich für die Mitarbeiter in Deutschland, Österreich und Schweiz – keine Selbstverständlichkeit:

„Heute kennen die Talente Unilever als großartigen Arbeitgeber. Sie kennen unsere Innovationskraft, sie wissen um unser soziales Engagement, sie kennen unsere Strategie der Nachhaltigkeit, sie kennen ihre Entwicklungsmöglichkeiten in unserem Unternehmen – sie kennen längst mehr als nur unsere Marken wie AXE oder Langnese. Und das nicht nur in Deutschland, Österreich und der Schweiz – sondern weltweit in gleichem Maße."

3.4 Erfolgsfaktor 4: Systematischer Prozess

3.4.1 Der Erfolgsfaktor im Licht von Theorie und Praxis

Erklärung des Erfolgsfaktors

Employer Branding muss ein systematischer Prozess sein: von der Analyse über die Grundlagenarbeit, die Planung und Umsetzung bis hin zur Erfolgsmessung. Hier empfiehlt sich ein Phasenmodell, gepaart mit den bewährten Tools professionellen Projektmanagements. Die folgende Abbildung zeigt den schematischen Prozess.

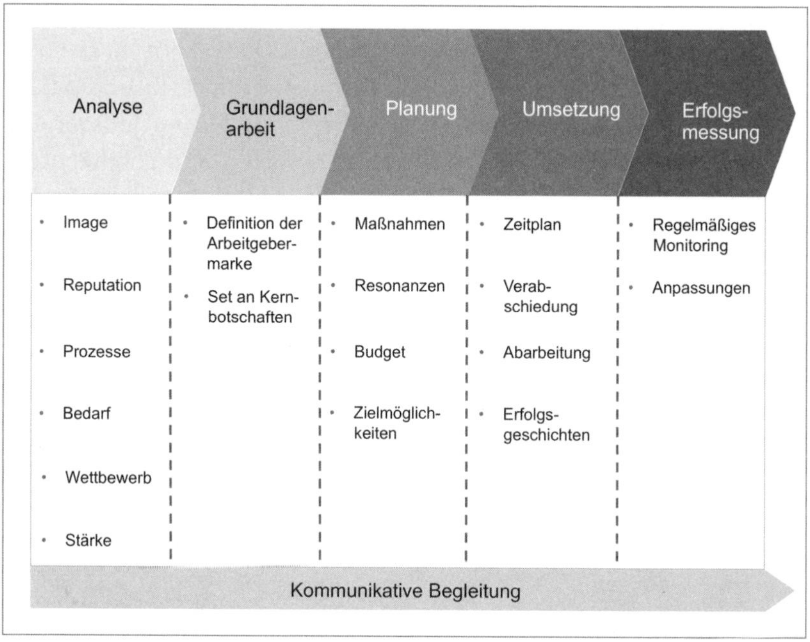

Abbildung 49: Die Aufgaben des Erfolgsfaktors „Systematischer Prozess“

3.4.1.1 Analyse

Erklärung der Phase

Die Aufgaben, die in dieser ersten Phase anstehen, sind in Kapitel „Der Erfolgsfaktor 1: Hausaufgaben zuerst“ beschrieben. Sie umfassen – zur Erinnerung – die Analyse von Dimensionen wie Image, Arbeitgeberimage, Bedarf, Prozesse, Stärken und Wettbewerb. Doch wie kommt man an entsprechendes Datenmaterial? Beste Quellen dafür sind Mitarbeiterbefragungen, Befragungen der Öffentlichkeit und der Bewerber sowie vorhandene interne und externe Studien.

Ergebnis der Phase

Ergebnis dieser Phase ist ein klares Bild vom eigenen Image, vom Prozessverlauf im Recruiting, vom Bedarf des Unternehmens in den nächsten fünf Jahren, von den Aktivitäten und der Positionierung des Wettbewerbs sowie von den eigenen Stärken des Unternehmens als Arbeitgeber – und nicht zuletzt von den Bedürfnissen und Wünschen der Zielgruppe. Aus diesen Koordinaten gilt es in der nächsten Phase die ideale eigene Position abzuleiten.

3.4.1.2 Grundlagenarbeit

Erklärung der Phase

Die Definition der Arbeitgebermarke in Form der Employer Value Proposition wurde schon beschrieben. Hier geht es um die Definition ihrer wesentlichen Attribute: realistisch und glaubwürdig im Hinblick auf die Historie, differenzierend und attraktiv, authentisch und real. Idealerweise entsteht diese Definition bereits in Zusammenarbeit mit Mitarbeitern des Unternehmens.

Ergebnis der Phase

Ergebnis der Grundlagenarbeits-Phase ist die Verabschiedung eines Sets an Kernbotschaften, inklusive Hygiene- und Differenzierungsfaktoren. Diese Kernbotschaften dürfen in Stein gemeißelt werden:

Sie sind das Rückgrat der gesamten folgenden Kommunikation nach innen und außen.

3.4.1.3 Planung

Erklärung der Phase

Wenn Ziele, Zielgruppen, Ausgangslage und Value Proposition feststehen, können die ersten Überlegungen zu Maßnahmen angestellt werden. Die Planung erfolgt im Rahmen eines Gesamtkonzepts: Hier werden Strategie und Umsetzung festgelegt, um mit den geplanten Botschaften das festgelegte Ziel zu erreichen. Unter Berücksichtigung möglichst aller Einflussfaktoren werden konkrete Maßnahmen definiert: Welche Kanäle müssen bespielt werden, um die relevanten Zielgruppen zu erreichen? Welche Kanäle können mit besonders geringen Kosten bespielt werden, weil sie bereits durch Marketing oder Kommunikation erschlossen wurden? Welche Maßnahmen müssen ergriffen werden, um die Botschaften wirkungsvoll in Szene zu setzen, welche Maßnahmen, um die Beweisführung anzutreten für die postulierten Botschaften? Die Kommunikationsmaßnahmen sollten sich dabei sowohl an externe als auch an interne Zielgruppen richten: Websites, Broschüren, Events und Messen, Anzeigen und PR-Arbeit eignen sich für die externe Kommunikation, Intranet, Informationsflyer, Mitarbeiterveranstaltungen etc., um die Belegschaft zu erreichen. Ein zweiter Schwerpunkt sind die HR-Maßnahmen rund um den Recruiting-Prozess.

Ergebnis der Phase

Ergebnis dieser Prozessphase ist zunächst ein verbindlicher Plan, der die spezifischen Maßnahmen auf der Zeitachse fixiert und genaue Vorgaben liefert, wann welche Botschaften über welche Kanäle zu kommunizieren sind. Außerdem fällt in dieser Phase die Entscheidung darüber, welche weiteren Maßnahmen zur Optimierung des Recruiting-Prozesses ergriffen werden. Ebenso resultiert eine Ressourcen- und Budget-Planung aus dieser Phase, genauso wie Meilensteine zur Erfolgsmessung, also klar definierte Ziele und Teilziele, an denen das Unternehmen seinen Erfolg erkennen will. Die folgende Abbildung zeigt den Grundaufbau eines solchen Konzepts.

Konzept – Inhaltsverzeichnis

1. Zielsetzung und Zielgruppen
2. Kernbotschaften und EVP
3. Maßnahmen
   - Interne Kommunikation
   - Externe Kommunikation
   - Recruitingprozess
4. Zeitplan und Priorisierung
5. Budgetplan
6. Resourcenplan
7. Erfolgsmessung
8. Abstimmungsprocedere und virtuelles Team
9. Projektbegleitende Kommunikation

Abbildung 50: Die beispielhafte Gliederung eines Employer-Branding-Konzepts

3.4.1.4 Umsetzung

Erklärung der Phase

Die Umsetzung nimmt ihren Anfang mit der Freigabe des Konzepts, also mit der internen Beauftragung zur Umsetzung. Der erste Schritt ist das Anlegen eines Projektplans, in dem alle Maßnahmen auf dem Zeitstrahl fixiert und mit den Konzepten der angrenzenden/betroffenen Abteilungen harmonisiert werden. Der zweite Schritt ist die sukzessive Umsetzung jeder geplanten Maßnahme. Projektbegleitend ist es sinnvoll, zum Plan und zur Umsetzung intern zu kommunizieren, um die Organisation auf das Thema vorzubereiten und das Engagement der Mitarbeiter sicherzustellen.

Ergebnis der Phase

Das Ergebnis dieser Phase ist leicht umrissen: Es ist die erfolgreiche Umsetzung aller Maßnahmen im vorgegebenen Zeit-, Budget- und Zielrahmen. Aus Sicht der projektbegleitenden Kommunikation ist das Ergebnis, dass im Unternehmen ein fundiertes Verständnis und eine breite Akzeptanz für das Thema herrschen.

3.4.1.5 Erfolgsmessung

Erklärung der Phase

Für die fundierte Bewertung von Erfolg und Misserfolg ist es unumgänglich, vorab Messkriterien festzulegen: Zum einen gilt der Leitsatz „You get what you measure", denn wenn die Zielerreichung nicht gemessen werden kann, besteht das Risiko, dass sie nicht konsequent genug verfolgt wird. Zudem steigt die Gefahr, dass jeder Manager und Mitarbeiter im Unternehmen zu seiner eigenen Bewertung darüber kommt, ob das Employer Branding erfolgreich verläuft oder nicht. Bedingt durch die Vielzahl an Baustellen und die zahlreichen Interdependenzen in so einer Initiative kann es jederzeit zu Teilrückschlägen kommen, die zwar keineswegs den Gesamterfolg gefährden, von einzelnen Stakeholdern aber als erfolgsgefährdend wahrgenommen werden können und so ihre Motivation schmälern. Quellen für die Erhebung von Daten zur Erfolgsmessung sind – wie auch in der Phase der Bestandsaufnahme – Befragungen von Mitarbeitern, neu eingestellten Mitarbeitern oder externen Zielgruppen, aber auch offizielle Rankings und relevante Studien.

Employer Branding Scorecard

In Wissenschaft und Forschung gibt es bislang nur wenige Vorschläge zu einer Employer Brand Scorecard.[18] Wiese schlägt eine „Employer Branding Balanced Scorecard" vor.[19] Dafür verknüpft er externe und interne Kenngrößen und ergänzt sie um wettbewerbsgerichtete Elemente. Die folgende Abbildung zeigt einen möglichen ganzheitlichen Ansatz, der Wieses Ansatz erweitert und damit noch mehr Möglichkeiten zur Umsetzung eröffnet.

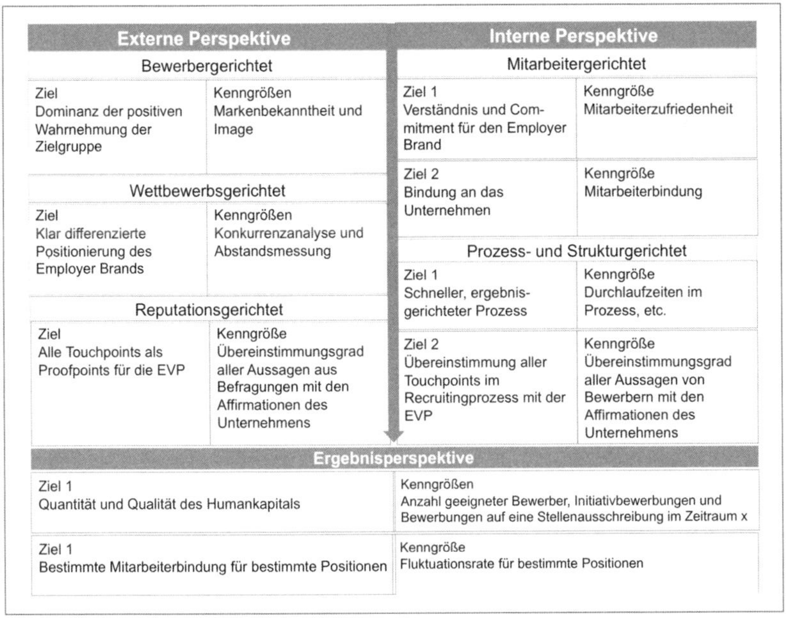

Abbildung 51: Der Aufbau einer Employer Branding Scorecard

[18] Robert S. Kaplan und David P. Norton gelten als Erfinder der Balanced Scorecard: Sie schlugen Anfang der 1990er Jahre an der Harvard-Universität vor, ein System an Einzelkennzahlen zu entwickeln, das Input-, Prozess- und Output-Daten verbindet und regelmäßiges Monitoring ermöglicht. Balanced Scorecards werden heute großflächig und vielfältig in Unternehmen als Frühwarnsysteme der Erfolgsmessung eingesetzt.

[19] Vgl. Wiese, D., Employer Branding, S. 72 ff.

Ergebnis der Phase

Resultat dieser Phase ist ein fortlaufendes Monitoring der Perspektiven Ergebnis intern und extern. Durch dieses Frühwarnsystem können notwendige Anpassungen rechtzeitig und zielführend eingeleitet werden.

3.4.1.6 Herausforderungen

Von der Unbeherrschbarkeit der Welt

Employer Branding ist ein Prozess, der zwar weitgehend gesteuert, nie aber komplett beherrscht werden kann. Maßnahmen müssen daher immer wieder auf ihre Wirksamkeit und eventuelle Wechselwirkungen mit anderen Maßnahmen und dem Umfeld des Unternehmens überprüft werden. Ein Unternehmen gleicht einem lebenden Organismus: Während man versucht, einen Status zu ermitteln, hat sich der Gegenstand der Analyse bereits wieder bewegt. Und auch das Unternehmensumfeld ist in dauernder Bewegung und Veränderung. Der Wettbewerb schläft nicht und unternimmt vielleicht seinerseits Maßnahmen, die den eigenen Anstrengungen zuwiderlaufen oder neues Differenzierungspotenzial eröffnen. Auch die Sichtweise der Kandidaten kann sich mit bestimmten Entwicklungen der Weltwirtschaft fundamental verändern: Werden beispielsweise Arbeitsplätze knapp, wird sich – wenn auch nur vorübergehend – auch das eigene Anspruchsdenken ändern, so geschehen bei der dramatischen Wirtschaftskrise 2009.

Die hohe Kunst des Projektmanagements

Gerne als Selbstverständlichkeit angesehen, ist Projektmanagement doch keine isolierte Disziplin und schon gar nichts, was nebenbei abläuft, sondern die Verdichtung einer Menge verschiedener und alles andere als selbstverständlicher Fähigkeiten: Projektmanagement erfordert Disziplin und Flexibilität, Beharrlichkeit und Überzeugungskraft, Führungskompetenz und Durchsetzungsvermögen. Diese Auflistung macht deutlich, wie wichtig es ist, die richtigen Kollegen mit dieser Aufgabe zu betrauen, um nicht an den vielen Unwägbarkeiten zu scheitern, die eine womöglich internationale, interdisziplinäre und längerfristige Initiative von der Planung bis zur Umsetzung mit sich bringt.

3.4.1.7 Nutzen

Der Nutzen des Erfolgsfaktors „Systematischer Prozess" liegt auf der Hand: Er führt vom klaren Plan zur sicheren Umsetzung, von der sicheren Umsetzung zur kontinuierlichen Anpassung auf der Zielgeraden und schließlich zum überprüfbaren Erfolg der Initiative. Spontane, zufällige oder einfach nur opportune Maßnahmen können in einer Initiative mit der Komplexität des Employer Brandings dagegen nicht zum Erfolg führen, das steht fest.

3.4.1.8 Zusammenfassung

Die nachfolgende Abbildung zeigt den Umfang der Aufgaben dieses Erfolgsfaktors.

Systematischer Prozess	• Phasenmodell von der Planung bis zur Erfolgskontrolle • Klares Projektmanagement • Umsetzungsorientierung
Aufgabenstellung	• Analyse • Grundlagenarbeit • Planung • Umsetzung • Erfolgsmessung
Heraus-forderungen	• Dauerhaftes Monitoring muss in Anpassungsmaßnahmen münden • Professionelles Projektmanagement
Nutzen	• Vom klaren Plan zur sicheren Umsetzung: Durch strukturierte Vorgehensweise erhöhte Aussicht auf Erfolg

Abbildung 52: Der Erfolgsfaktor „Systematischer Prozess"

3.4.2 Ein Fallbeispiel: compeople AG

Der beste mittelständische Arbeitgeber Hessens im Jahr 2009 – und unter den Unternehmen mit 101 bis 500 Mitarbeitern sogar der beste Arbeitgeber Deutschlands im Jahr darauf: Die Mitarbeiter des hessischen IT-Unternehmens compeople AG fühlen sich ganz offensichtlich wohl bei ihrem Arbeitgeber. Das belegt zumindest die Top-Job-Benchmarkstudie. Den potenziellen Bewerbern um Jobs war diese Tatsache bis 2008 aber großteils nicht bekannt – meist kannten sie nicht einmal das Unternehmen. Mit einer gezielten Employer-Branding-Strategie sollte das anders werden. Grundlage dafür war ein systematischer Prozess.

3.4.2.1 Das Unternehmen im Profil

Die 1999 in Frankfurt am Main gegründete compeople AG entwickelt innovative IT-Lösungen auf Basis moderner IT-Technologien wie Java und Eclipse Open Source. Ihr Kerngeschäft sind IT-Systeme zur Vertriebsunterstützung, die sie vorwiegend für Finanzdienstleister realisiert. Neben der Software-Entwicklung unterstützt die compeople AG ihre Kunden mit einem umfassenden, qualitativ hochwertigen IT-Service-Angebot. Schwerpunkte sind Technologie- und Architekturberatung sowie Beratung in agilen Projektprozessen.

Die Basis für seinen Erfolg sieht das Unternehmen in einer lebendigen Innovationskultur. Getreu dem Firmenmotto „technology in motion" setzen sich die Mitarbeiter kontinuierlich mit neuen Informationstechnologien auseinander, entwickeln diese weiter und realisieren beispielsweise Open-Source-Projekte im Rahmen der aktiven Mitgliedschaft in der Eclipse Foundation. Für ihre Innovationsleistungen wurde die compeople AG auch im Rahmen des bundesweiten Benchmarkingprojekts „Top 100" im Jahr 2009 als Top-Innovator ausgezeichnet. In den vergangenen Jahren ist das Unternehmen stetig gewachsen und beschäftigt heute über 100 Mitarbeiter. Diese erwirtschafteten im Jahr 2010 einen Umsatz von nahezu 13 Millionen Euro – am Hauptsitz in Frankfurt am Main, an einem weiteren Entwicklungsstandort in München, aber vor allem vor Ort beim Kunden.

3.4.2.2 Die Grundphilosophie

Die Mehrzahl der Mitarbeiter der compeople AG ist den weitaus größten Teil ihrer Arbeitstage beim Kunden, wo sie – zum Teil auch in Teams mit Mitarbeitern des Kunden – an der Entwicklung von IT-Lösungen arbeitet. Eine stark ausgeprägte Identifikation der Mitarbeiter mit dem eigenen Unternehmen zu erreichen war für das Unternehmen also alles andere als trivial. Vor diesem Hintergrund wundert es nicht, dass in der compeople AG alle Maßnahmen rund um die Arbeitgebermarke auch nach innen gerichtet sein müssen.

Schon bevor das Unternehmen einen expliziten Employer-Branding-Prozess startete, legte es daher großen Wert auf eine starke Unternehmenskultur. Wesentliche Bestandteile dieser Kultur sind eine offene Kommunikation über alle Hierarchie- und Fachebenen hinweg sowie ein regelmäßiger Informations- und Erfahrungsaustausch. Drei Mal pro Jahr lädt das Unternehmen zu einem compeople Day ein, auf dem sich alle Mitarbeiter treffen und relevante Themen vorgestellt werden – von speziellen Einsatzmöglichkeiten neuer Technologien bis hin zu Informationen über die aktuelle Geschäftsentwicklung und die geplanten Marketingaktivitäten. Und einmal jährlich trifft sich das gesamte Unternehmen zu einer mehrtägigen Veranstaltung abseits des gewohnten IT-Arbeitsumfelds – das Reiseziel wird dabei bis zum Abflug geheim gehalten.

Mitarbeiter als beste Werbung

Will das Unternehmen mit solchen Maßnahmen vor allem das Zusammengehörigkeitsgefühl stärken, legt es mit anderen Projekten den Schwerpunkt auf die gezielte Förderung der Mitarbeiter. So gehört es zum Selbstverständnis der compeople AG, ihren Mitarbeitern langfristige Karriere-Perspektiven zu bieten, sie kontinuierlich durch interne und externe Seminarangebote weiterzubilden und ein spannendes und verantwortungsvolles Aufgabenspektrum zu gewährleisten. Vor allem aber erhalten die Mitarbeiter große Freiräume, um eigene Talente einzubringen. So werden sie beispielsweise dabei unterstützt, Fachartikel zu verfassen oder Vorträge zu halten. Darüber hinaus können sie bis zu zehn Arbeitstage pro Jahr für interne Forschungsprojekte verwenden, die nicht in Verbindung mit Kundenprojekten der compeople AG stehen müssen. Für Geschäftsführer Jürgen Wiesmaier liegen die Vorteile auf der Hand:

„Wenn einer unserer Mitarbeiter mit Funkeln in den Augen einen Vortrag auf einer Konferenz hält, dann ist das die beste Werbung für uns als Arbeitgeber. Daher fördern wir gezielt solche Forschungsprojekte und geben unseren Mitarbeitern auch wirklich den notwendigen Freiraum – innerhalb ihrer Arbeitszeit. Neben dem großartigen Effekt nach außen stärken wir damit das Zugehörigkeitsgefühl und so auch die Bindung an das Unternehmen. Denn schließlich möchte ich gerne alle unsere Mitarbeiter möglichst lange behalten.“

Dennoch ist die compeople AG allein schon aufgrund ihres stabilen Wachstums stetig auch auf der Suche nach neuen Mitarbeitern – und steht dabei vor der Herausforderung, sich als mittelständischer Arbeitgeber in der Region gegen große und etablierte Unternehmen durchsetzen zu müssen. Die offenkundig große Zufriedenheit der bestehenden Mitarbeiter authentisch und glaubwürdig nach außen zu kommunizieren, ist daher für die compeople AG die wichtigste Aufgabe bei der Positionierung als Arbeitgeber. Um solch eine erfolgreiche Positionierung mit den im Vergleich zu Großkonzernen geringeren finanziellen Möglichkeiten zu gewährleisten, setzte die compeople AG auf eine präzise Fokussierung und einen sehr systematischen Prozess.

3.4.2.3 Der Plan und Prozess

Mit dem anhaltenden Geschäftserfolg und dem kontinuierlichen Bedarf an neuen Mitarbeitern wuchsen bei der compeople AG Ende des Jahres 2007 die Schwierigkeiten, für die offenen Stellen die geeigneten Bewerber zu finden. Im Jahr 2008 fiel schließlich der Entschluss, eine authentische Arbeitgebermarke zu erarbeiten; einerseits, um das Unternehmen als attraktiven mittelständischen Arbeitgeber insbesondere in der Rhein-Main-Region bekannt zu machen, gleichzeitig aber auch, um die eigenen Mitarbeiter noch stärker an das Unternehmen zu binden. Manuela Duft, die bei der compeople AG die Unternehmenskommunikation verantwortet, erinnert sich:

„Wir haben von Anfang an entschieden, zwei Zielgruppen anzusprechen: extern die examensnahen Studenten und die Hochschulabsolventen, intern unsere Mitarbeiter. Damit wollten wir zum einen die Anzahl von Bewerbungen qualifizierter Nachwuchskräfte erhöhen, zum anderen aber auch die innovationsfördernde Unternehmenskultur stärken und damit die Motivation der Mitarbeiter steigern."

Bei der Entwicklung der Arbeitgebermarke legte die compeople AG großen Wert darauf, die Mitarbeiter von Anfang an einzubinden und an allen Phasen des Gesamtprozesses zu beteiligen. Wichtige Meilensteine auf dem Weg zur compeople-Arbeitgebermarke stellten die Auswertung der Top-Job-Benchmarkingstudie dar, die Mitarbeiter-Workshops zur Erarbeitung neuer interner Prozesse sowie die Definition und Kommunikation der Arbeitgeberstärken über unterschiedliche Plattformen und Kanäle. Den Gesamtplan zeigt die folgende Abbildung. (Quelle: compeople)

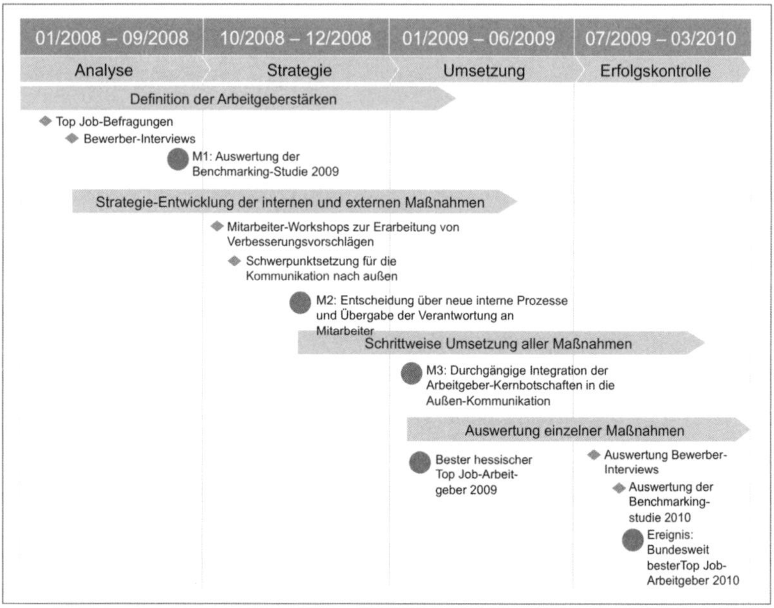

Abbildung 53: Der Prozess bei der compeople AG im Überblick

3.4.2.4 Die Umsetzung des Erfolgsfaktors

Alle Aktivitäten zur Positionierung der Arbeitgebermarke waren bei der compeople AG von Beginn an nicht als einmaliges Projekt geplant, sondern wurden stets als kontinuierlicher Prozess verstanden. Dieser Prozess war gekennzeichnet durch seine klassischen Phasen von Analyse über Strategie, Umsetzung bis hin zur Erfolgskontrolle, seine Einbeziehung externer und interner Zielgruppen sowie seiner klaren Planung. Die folgende Abbildung zeigt das grundsätzliche Schema des systematischen Prozesses. (Quelle: compeople)

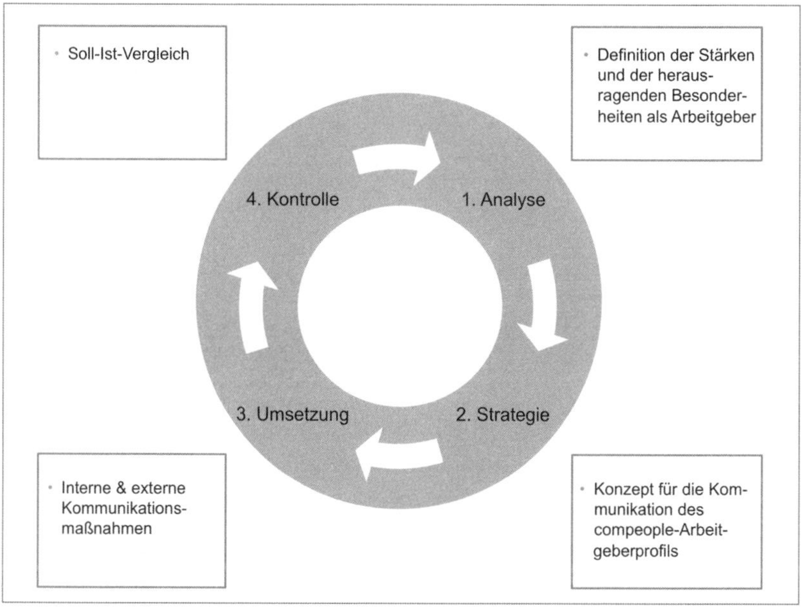

Abbildung 54: Die einzelnen Prozessschritte im Überblick

Analyse

Als Ergebnis einer ersten Analysephase sollten die Stärken des Unternehmens und vor allem die herausragenden Besonderheiten als Arbeitgeber definiert werden. Um möglichst objektive, unverfälschte und insbesondere vergleichbare Aussagen über die Stärken des Unternehmens zu erzielen, entschied sich die compeople AG für eine Teilnahme an der Top-Job-Benchmarkingstudie, die von der compamedia GmbH organisiert und vom Institut für Führung und Personalmanagement der Universität St. Gallen durchgeführt wird. Die Studie analysiert die teilnehmenden mittelständischen Unternehmen mithilfe einer Befragung der Mitarbeiter und der Personalverantwortlichen in sechs unterschiedlichen Bereichen. Als zweite Informationsquelle nutzte die compeople AG die Auswertung ihrer Bewerbungsgespräche. Interessant war dabei vor allem, herauszufinden, welche positiven Eigenschaften eines möglichen Arbeitgebers den Bewerbern besonders wichtig sind.

Bei der Ableitung einer Arbeitgebermarke aus den erhaltenen Analyse-Ergebnissen galten für die compeople AG fünf Prämissen: Das Arbeitgeberprofil sollte in Einklang mit der Unternehmensmarke „technology in motion" stehen. Die Unternehmenskultur sollte als wesentlicher Erfolgsfaktor einbezogen werden. Die Vorstellungen und Wünsche der Zielgruppe qualifizierter Nachwuchskräfte sollten ebenfalls berücksichtigt werden. Und schließlich galt es, alle Mitarbeiter an der Entwicklung des Arbeitgeberprofils zu beteiligen. Die eigenen Stärken als Arbeitgeber sollten zudem mit denen der im Rahmen der Top-Job-Benchmarkingstudie besten Arbeitgeber im deutschen Mittelstand verglichen werden. Eine der fünf Prämissen des Analyseprozesses zeigt die folgende Abbildung. (Quelle: compeople)

Einbinden der Unternehmenskultur

Fundament der innovationsfördernden Unternehmenskultur ist das compeople-Leitbild. Hier beispielhaft zwei der neun Leitsätze.

„Vertrauen, Respekt, Toleranz, gegenseitige Unterstützung und offener Dialog" als gemeinsame Wertebasis

„Offenheit für neue IT-Technologien und Projektmethoden und deren gezielter Einsatz für kundenorientierte IT-Lösungen" als gemeinsame Grundhaltung

Abbildung 55: Ein Teilaspekt des Analyseprozesses

Strategie

In einem zweiten Schritt erarbeitete die compeople AG ein Kommunikationskonzept und eine Kommunikationsstrategie. Das Unternehmen entschied sich für eine bildliche Darstellung von Schlüsselbegriffen, eine sogenannte Schlagwortwolke (Tagcloud), die zum einen die Stärken als Arbeitgeber herausstellt, zum anderen aber auch die Unternehmensmarke mit einbezieht. Die Darstellungsform wurde so gewählt, dass ein Bezug zum IT-Bereich erkennbar wurde. Die Kommunikationsstrategie umfasste interne wie externe Maßnahmen. So veranstaltete die compeople AG innerhalb des Unternehmens eine Workshopreihe zu den Ergebnissen der Top-Job-Benchmarkingstudie, nicht zuletzt, um Schlussfolgerungen für die Weiterentwicklung der Unternehmenskultur ziehen zu können. Darüber hinaus wurden die Mitarbeiter auch an der Erarbeitung des externen Kommunikationskonzepts beteiligt. Für den Vorstand Jürgen Wiesmaier ein entscheidender Erfolgsfaktor:

„Wir wollten ja nicht nur mit den positiven Ergebnissen der Studie für uns als Arbeitgeber werben, sondern die hier aufgezeigten Potenziale für Verbesserungen auch sofort aufgreifen. Durch diese Entschlossenheit haben wir unseren Mitarbeitern von Anfang an signalisiert, dass wir ihre Rückmeldungen aus der Befragung ernst nehmen. So erhielten sie in Workshops Raum und Zeit, um ihre Verbesserungsvorschläge zu erarbeiten. Diese haben wir gemeinsam ausgewertet und schließlich entschieden, was wir bei uns im Unternehmen verbessern wollen – und was wir in der Kommunikation nach außen verändern müssen."

Als diese gemeinsamen Entscheidungen getroffen waren, plante die compeople AG die externen Maßnahmen. Das Unternehmen wollte gemeinsame Projekte mit gezielt ausgewählten Hochschulen auf- und ausbauen. Ein besonderes Augenmerk lag auch darauf, die Informationen zur compeople AG als Arbeitgeber auf der Firmen-Webseite deutlich zu erweitern. Neben gezielten Online- und Print-Anzeigen setzte die compeople AG schließlich auf Pressearbeit zu den Ergebnissen der Top-Job-Benchmarkingstudie.

Umsetzung

Nach Abschluss der Strategiephase ging es darum, die Vorschläge aus den Mitarbeiter-Workshops zeitnah umzusetzen: So führten Vorstand und Personalverantwortliche beispielsweise neue Veranstaltungen sowie Prozesse ein und übergaben diese in die Verantwortung von Mitarbeitern. Für die externe Kommunikation wurde ein Firmenvideo produziert, das einen sehr starken Schwerpunkt auf die Mitarbeiter legt. Auf der Firmen-Webseite findet sich heute eine

Abbildung 56: Die Tagcloud in einer Stellenanzeige

eigene Rubrik „compeople als Arbeitgeber“. Die compeople AG nimmt nun regelmäßig an der Unternehmenskontaktmesse „kontaktiva“ teil, ist Partner der Fachhochschule Gießen-Friedberg und betreut Abschlussarbeiten, beispielswese die des Fachbereichs Wirtschaftsinformatik der Technischen Universität Darmstadt. Die in der Strategiephase erarbeiteten Kernaussagen sowie das Bildmotiv, welches die compeople AG als IT-Unternehmen und Arbeitgeber mit Schlüsselbegriffen beschreibt, wurden dabei in der Umsetzungsphase auf die jeweiligen Kommunikationsplattformen abgestimmt und konkretisiert. Abbildung 56 zeigt als Beispiel eine Stellenanzeige. (Quelle: compeople)

Erfolgskontrolle

Um die Erfolge der Maßnahmen zu messen und um einen kontinuierlichen Verbesserungsprozess zu ermöglichen, nahm die compeople AG im Jahr 2010 erneut an der Top-Job-Benchmarkingstudie teil. Und auch künftig will sich das Unternehmen regelmäßig – nun alle zwei Jahre – dieser externen Bewertung stellen. Eine weitere Erfolgskontrolle erfolgt über die Auswertung der Bewerbungen sowie der im Unternehmen und auf Kontaktmessen geführten Bewerbungsgespräche.

3.4.2.5 Das Ergebnis

Es mag paradox klingen, doch die Auszeichnung als bester mittelständischer Arbeitgeber Deutschlands ist nicht der stärkste Beweis für den Erfolg des Employer Brandings bei der compeople AG. Zwar hat sich das Unternehmen zwischen den Jahren 2009 und 2010 in der Studie noch einmal verbessert, ein guter Arbeitgeber war die compeople AG aber fraglos auch schon vor dem Start der strategischen Positionierung der Arbeitgebermarke. Indiz für den Erfolg ist vielmehr, dass diese Tatsache nun längst nicht mehr nur den eigenen Mitarbeitern bekannt ist.

Bewerberzahlen steigen

So erhält das Unternehmen mittlerweile auch zahlreiche Initiativbewerbungen – vor 2008 gab es davon nicht eine einzige. Auch insgesamt ist die Zahl der Bewerber deutlich gestiegen, viele Interessenten stellen in den Bewerbungsgesprächen die compeople AG ausdrücklich als Wunscharbeitgeber dar. Zuletzt konnte das Unternehmen aufgrund der quantitativ und qualitativ angestiegenen Bewerberzahlen fünf IT-Nachwuchskräfte innerhalb weniger Monate einstellen.

Das öffentliche Interesse wächst

Doch nicht nur Bewerber zeigen großes Interesse, auch Hochschulen fragen nach Vorträgen von compeople-Mitarbeitern; Studenten lassen sich von der compeople AG bei ihrer Diplomarbeit betreuen. Schließlich berichten auch zahlreiche regionale und überregionale Medien aus Print, Online und TV über die compeople AG und die compeople-Unternehmenskultur und tragen so zur wachsenden Bekanntheit des mittelständischen Unternehmens als Arbeitgeber bei.

3.5 Erfolgsfaktor 5: Alles beginnt innen

3.5.1 Der Erfolgsfaktor im Licht von Theorie und Praxis

Erklärung des Erfolgsfaktors

Wie bei jeglichem Branding-Bemühen kann auch im Employer Branding nur glaubwürdig nach außen getragen werden, was innen auch verstanden, akzeptiert und gelebt wird. Was hier trivial und selbstverständlich klingt, ist in Wirklichkeit allerdings eine schwierige Aufgabe, denn Menschen lassen sich nicht so einfach instrumentalisieren: Es gilt die Freiheit des Denkens, aus der die Freiheit des Handelns resultiert.

Natürlich kann ein Unternehmen im Rahmen des Arbeitsverhältnisses Loyalität einfordern, aber diese endet oft an den Grenzen des Firmengeländes. Was tun, wenn man den wohlklingenden Worten seines Arbeitgebers nicht glaubt? Freunde, Bekannte und Familie belügen, wenn sie sich nach den Arbeitgeberqualitäten des Unternehmens erkundigen? Wohl kaum, und selbst wenn hier ein echter Solidaritätskonflikt entstehen sollte, wird dieser mit an Sicherheit grenzender Wahrscheinlichkeit in Aufrichtigkeit gegenüber dem sozialen Netz münden, das Geborgenheit und Zugehörigkeit gibt.

Einzig ein Umstand kann dem Unternehmen dann noch in die Karten spielen: die Tendenz des Menschen, sich positiv darzustellen und im Zuge dessen auch negative Aussagen über seinen Arbeitgeber zu vermeiden, da sie zwangsläufig auf ihn abstrahlen würden. Dieses Phänomen greift aber nur, solange die gefühlte Distanz zwischen Wahrheit und Behauptung nicht zu groß wird. Der Erfolgsfaktor „Alles beginnt innen" verlangt also, dem Mitarbeiter das eigene Selbstbild als Arbeitgeber zu erläutern, ihn von der Angemessenheit dieses Bildes zu überzeugen und ihn so im Bestfall als authentisches Testimonial zu gewinnen.

3.5.1.1 Kommunikation der Initiative und des Prozesses

Kickoff-Kommunikation zum Start der Initiative

Sobald ein Unternehmen seine Employer-Branding-Initiative aufsetzt, sollte es auch mit der begleitenden Kommunikation beginnen und den Mitarbeitern erklären, was geplant ist, warum die Initiative für das Unternehmen wichtig ist und wie der Plan aussieht. Bereits zu diesem Zeitpunkt kann ein Feedbackkanal für Rückmeldungen der Mitarbeiter installiert werden: beispielsweise über eine Mailadresse, über die Mitarbeiter Anregungen und Verbesserungsvorschläge geben. Je intensiver die Startkommunikation dabei ausfällt und je expliziter sie die Beteiligung der Menschen im Unternehmen einfordert, desto stärker und nachhaltiger wird das Engagement auch sein: eine wichtige Voraussetzung für Akzeptanz, aber auch Qualität des neu entstehenden Employer Brands.

Projektkommunikation im Intranet

Parallel dazu empfiehlt es sich, auf der Intranetseite einen Bereich für Employer Branding aufzubauen, um erste Inhalte einstellen und der Belegschaft zugänglich machen zu können, beispielsweise die Employer Value Proposition oder die Arbeitgeber-Nutzenargumentation des Unternehmens. Hierbei ist allerdings Vorsicht geboten: Projektkommunikation und Employer-Branding-Kommunikation sind nicht dasselbe und streng zu unterscheiden. Erstere berichtet über die Initiative, um Feedback zu generieren und Involvement zu fördern, letztere strebt an, Mitarbeiter und Bewerber durch Kommunikation über die Qualitäten als Arbeitgeber für das Unternehmen zu begeistern.

3.5.1.2 Überzeugungsarbeit im Verlauf der Initiative

Kontinuierliche Initiativenkommunikation

Wenn ein systematischer Employer-Branding-Prozess angelaufen ist und nun Schritt für Schritt die Umsetzung stattfindet, sollte die verantwortliche Abteilung die Employer-Branding-Initiative kommunikativ begleiten und immer wieder über Prozess, Fortschritt und erste Ergebnisse informieren. Beispielsweise können die Ergebnisse einer Mitarbeiterbefragung veröffentlicht oder eine externe Studie präsentiert werden, die das eigene Unternehmen in einem Arbeitgeber-Ranking mit anderen Unternehmen vergleicht. Aber auch Themen wie die Verbesserung des Recruiting-Prozesses oder die Einführung eines neuen Onboarding-Prozederes finden hier ihren Platz. Die folgende Abbildung zeigt beispielhaft, wie die Kommunikationsmaßnahmen geplant werden können, um Mitarbeiter einzubinden.

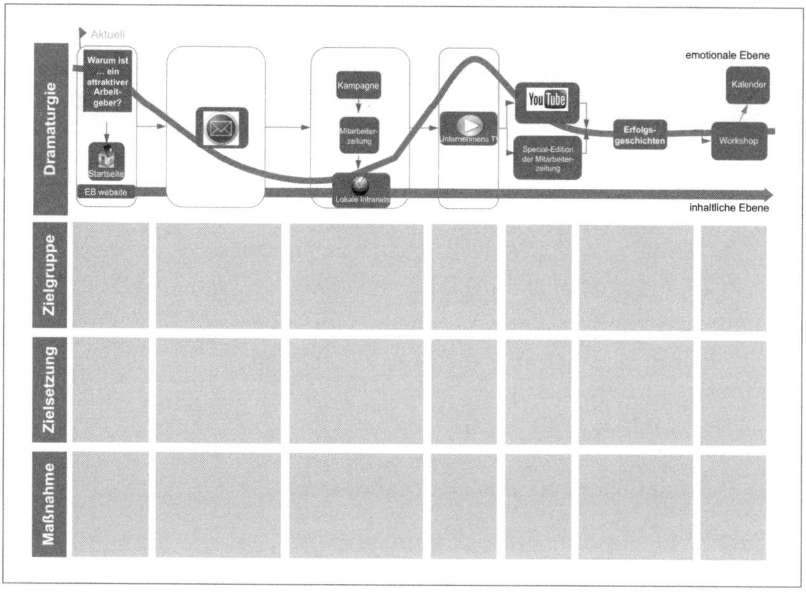

Abbildung 57: Die Dramaturgieplanung am Beispiel der internen Kommunikation

Beteiligungsformate

Prinzipiell ist es sinnvoll, zur kommunikativen Begleitung der Initiative Formate zu wählen, die Interaktion ebenso zulassen wie die konkrete Erarbeitung von Inhalten. Ein Beispiel für solche Formate wäre ein internes Voting, in dem die Mitarbeiter bewerten, welches von 20 Argumenten für das Unternehmen als Arbeitgeber das wichtigste ist. Oder der Aufruf zur Teilnahme an einer Videoaktion, in der Mitarbeiter in Einzelstatements Antworten geben auf die Frage: Was macht uns aus als Unternehmen? Positiver Nebeneffekt: Das Unternehmen lernt seine Mitarbeiter besser verstehen und kann gleichzeitig intern auf die Probe stellen, was später nach außen getragen werden soll.

Success Stories

Im Verlauf der Initiative werden sich zunehmend Teilerfolge einstellen, die als Erfolgsgeschichten für die Projektkommunikation herangezogen werden können. Erfolgsgeschichten zeugen und überzeugen von der richtigen Vorgehensweise und lenken zusätzliche Aufmerksamkeit auf die Initiative. Das ist auch die Gelegenheit, zum internen Wettbewerb aufzurufen: Wer hat eine aussagekräftige Geschichte zu berichten? Über das Unternehmen als Arbeitgeber? Über erste Erfolge im Employer-Branding-Prozess? So kommen die Verantwortlichen des Employer Brandings ohne großen Aufwand an Material für die externe Kommunikation – und gewinnen gleichzeitig einen Eindruck davon, wie Mitarbeiter über das Unternehmen denken, was sie als besonders positiv bewerten und was ihnen folglich wichtig ist.

3.5.1.3 Arbeitnehmerfreundliche Maßnahmen

Tatsachen als unschlagbare Argumente

Keine Argumentation ist auf Dauer überzeugender als die rationale. Sie führt unwiderlegbare Fakten und Tatsachen ins Feld, die über jeden Zweifel erhaben sind. Beispielsweise Programme und Initiativen, die das Unternehmen nachweislich für seine Mitarbeiter bereit hält oder durchgeführt hat: um sie zu fördern, zu schützen, ihnen den Arbeitsalltag zu erleichtern oder den Zusammenhalt zu stärken. Gibt es Initiativen für Gesundheitsvorsorge, Freizeitgestaltung, Kinderbetreuung oder freie Arbeitszeiteinteilung? Können Mitarbeiter ihren Arbeitsplatz der Familie zeigen? All solche Fragen, die objektiv mit Ja beantwortet werden können und keiner Interpretation unterliegen, werden zu Fakten und sprechen für sich – und somit für das Unternehmen. Sie können Motivation, Loyalität und Engagement der Menschen im Unternehmen wesentlich beeinflussen.[20] Aber auch die Unternehmenskultur, einfach das wahrnehmbare Miteinander und die Geisteshaltung, in der ein Unternehmen agiert, spricht für sich.

Tue Gutes und rede darüber

Gutes zu tun ist das eine – es auch zu kommunizieren das andere. Hier kann die externe Kommunikation punkten, indem sie dafür sorgt, dass das Engagement des Unternehmens für seine Mitarbeiter auch über die Unternehmensgrenzen hinweg publik wird. Abgesehen davon ist es ausgesprochen wichtig, die eigenen Mitarbeiter mit Munition für die positive Darstellung ihres Unternehmens in ihren jeweiligen Öffentlichkeiten und sozialen Gefügen zu versehen. Positive Fakten zu schaffen ist somit nur die halbe Miete – genauso wichtig ist es, den Mitarbeitern diese Fakten deutlich zu machen und ihnen die Vorzüge ihres Arbeitgebers zu kommunizieren. Die Formate hierfür sind vielfältig und reichen von der Mitarbeiterzeitung über das Intranet bis hin zu spezifischen Publikationen für internes Employer Branding.

3.5.1.4 Die internen Überzeugungstäter nach außen tragen

Die eigenen Mitarbeiter als Gesichter der Kampagnen

In der Phase der Beteiligung stellt sich auch heraus, welche Mitarbeiter als Promotoren des Employer Brands in Frage kommen. Weitere Einsichten kann ein konkreter Aufruf zur Beteiligung an

[20] Zur Vorstellung einer Vielzahl von Maßnahmen im Rahmen von Retention vgl. Schumacher, F., Geschwill, R., Employer Branding, S. 107 ff.

einer Employer-Brand-Imagekampagne hervorbringen: Wer möchte mitmachen und schickt seine Bewerbung ein? Und warum? Hierbei sammelt man nicht nur erneut Inhalte für die Kommunikation nach außen, man gewinnt auch die glaubwürdigsten Testimonials, die ein Unternehmen in Bezug auf seinen Employer Brand haben kann: die eigenen Mitarbeiter.

Die härteste Währung: die Menschen selbst

Niemand kann authentischer über ein Unternehmen berichten als seine Mitarbeiter: Sie sind und bleiben die härteste Währung, wenn es darum geht, Glaubwürdigkeit und Wahrhaftigkeit zu vermitteln. Erst wenn ein Unternehmen seine Mitarbeiter als überzeugte Botschafter hinter sich weiß, sollte es mit der externen Kommunikation starten. Ganz zu schweigen davon, dass man kaum eine größere Zahl an Menschen persönlich aktivieren kann als die eigene Mitarbeiterschar. Der schönste Nebeneffekt: Employer Branding wird auf diese Weise, wenn das Unternehmen als Arbeitgeber in einer Stadt dominiert, zum „Talk of the town" und verschafft sich weitere Aufmerksamkeit extern.

3.5.1.5 Herausforderungen

So viele Menschen, so viele Meinungen

Die Verantwortlichen des Employer-Branding-Programms können sich so viel Mühe geben wie sie wollen, Überzeugungsarbeit leisten bis zum Umfallen: So viele Menschen ein Unternehmen zählt, so viele Meinungen wird es auch immer geben. Es allen recht zu machen ist unmöglich, egal, welche arbeitnehmerfreundlichen Maßnahmen ein Unternehmen anbietet. Denn was dem einen wichtig ist, bedeutet dem anderen noch lange nichts – und umgekehrt. Letztendlich ist es also wichtig, mit den Angeboten an Förderung und Forderung den Wünschen und Bedürfnissen einer kritischen Masse an Mitarbeitern Rechnung zu tragen. Diese kritische Masse sollte vor allem diejenigen Mitarbeiter umfassen, die das Talentkapital des Unternehmens darstellen.

Wem kann man es schon immer recht machen?

Und nicht nur die Belegschaft ist heterogen in ihren Ansichten und Wünschen: Auch das Individuum kann wankelmütig sein oder seine Einstellungen – entwicklungs- oder erfahrungsbedingt – grundlegend ändern. Ein und dasselbe Angebot eines Unternehmens kann so durch ein und denselben Mitarbeiter zu verschiedenen Zeiten vollkommen unterschiedlich bewertet werden. Beispielsweise werden Mitarbeitern am Anfang ihrer Berufskarriere vor allem Weiterbildungen wichtig sein, später dafür konkrete Karriereperspektiven oder elterngerechte Arbeitsplatzgestaltung. Auch hier gilt es, beim Employer Branding auf ausreichend eng gefasste Zielgruppen zu fokussieren.

Führung bedeutet auch Loslösung vom Wunsch, geliebt zu werden

Und schließlich wird ein Unternehmen auch von seinen Führungskräften repräsentiert – und deren primäre Aufgabe ist es nicht, ihren Mitarbeitern zu gefallen, sondern sie zu führen. Und Führung bedeutet immer auch, von dem Wunsch abzulassen, geliebt werden zu wollen, beliebt sein zu wollen. Weder das Unternehmen in seiner Gesamtheit noch die einzelnen Führungskräfte können ununterbrochen so agieren, dass alle Mitarbeiter überglücklich sind und nur in den höchsten Tönen über ihren Arbeitgeber sprechen. Hier ist es durchaus legitim, auch an die Loyalität der Mitarbeiter zu appellieren, auf dass sie gegenüber ihren Außenkontakten fair und gerecht über das Unternehmen berichten, auch wenn einmal unpopuläre Entscheidungen getroffen werden müssen.

3.5.1.6 Nutzen

Der Nutzen des Erfolgsfaktors „Alles beginnt innen“ lässt sich in fünf Teilnutzen gliedern: Unternehmen und Mitarbeiter werden verstanden, Material und Argumentationsstränge für die externe Kommunikation werden gesammelt, Mitarbeiter werden als Testimonials gewonnen, geeignete Bewerber werden angezogen und letztlich wird durch Identifikation die Motivation gesteigert, die Fluktuation gesenkt und die externe Glaubwürdigkeit garantiert.

3.5.1.7 Zusammenfassung

Die nachfolgende Abbildung fasst die Dimensionen des Erfolgsfaktors „Alles beginnt innen" zusammen.

Alles beginnt innen	• Mitarbeiter als Testimonials gewinnen • Geeignete Bewerber durch engagierte Arbeitgeberbotschafter • Identifikation schafft Motivation und senkt Fluktuation
Aufgabenstellung	• Kommunikation des Projekts und Prozesses • Überzeugungsarbeit im Verlauf des Projekts • Arbeitnehmerfreundliche Maßnahmen • Interne Überzeugungstäter nach außen tragen
Herausforderungen	• Unterschiedliche Meinungen und damit Wertschätzung • Führungskräfte repräsentieren auch die unpopulären Maßnahmen
Nutzen	Tieferes Verständnis der Organisation, Sammlung von Material und Argumentation, Einbezug der Mitarbeiter. Dadurch: Identifikation und Motivation, geringere Fluktuation intern, größere Glaubwürdigkeit extern

Abbildung 58: Der Erfolgsfaktor „Alles beginnt innen"

3.5.2 Ein Fallbeispiel: OMICRON electronics GmbH

Der beste Arbeitgeber Österreichs – seit dem Jahr 2010 darf sich das Elektrotechnik-Unternehmen OMICRON electronics, mit Hauptsitz in Vorarlberg, mit diesem Titel schmücken. Basis für diesen Erfolg ist die Unternehmenskultur. Motivierte Mitarbeiter sowie ein hohes Maß an Identifikation und letztlich auch an Leistungsbereitschaft gehen bei OMICRON einher mit einer starken und überzeugenden Positionierung als Arbeitgeber.

3.5.2.1 Das Unternehmen im Profil

Mit seinen innovativen Prüf- und Diagnoselösungen für die elektrische Energieversorgung ist das Unternehmen OMICRON nichts weniger als der Weltmarktführer in diesem Nischenmarkt. Daneben bietet das international tätige Familienunternehmen Dienstleistungen rund um diese Produkte – wie Beratung, Inbetriebnahme, Prüfung, Diagnose und Schulung. 300 der insgesamt mehr als 400 Mitarbeiter arbeiten in der Firmenzentrale im kleinen Vorarlberger Ort Klaus. OMICRON ist damit einer der größten Arbeitgeber vor Ort. Niederlassungen in Europa, Amerika, Südostasien und im Nahen Osten sowie ein weltumspannendes Netz von Vertriebspartnern betreuen die Kunden in mehr als 140 Ländern.

Rasant gewachsen

OMICRON wurde im Jahr 1984 von Rainer Aberer gegründet – ursprünglich, um Telekommunikationssoftware zu entwickeln. 1989 verlegte sich Aberer schließlich auf hochwertige Prüfgeräte für Energieversorger. Mit dem Erfolg dieser Produkte wurde aus der kleinen Gruppe von Ingenieuren schnell eine große Zahl an Mitarbeitern. Allein in den letzten fünf Jahren hat sich die Anzahl der Mitarbeiter verdoppelt. Für die Zukunft rechnet OMICRON mit einem gleichbleibend starken Wachstum. (siehe Abbildung 59, Quelle: OMICRON)

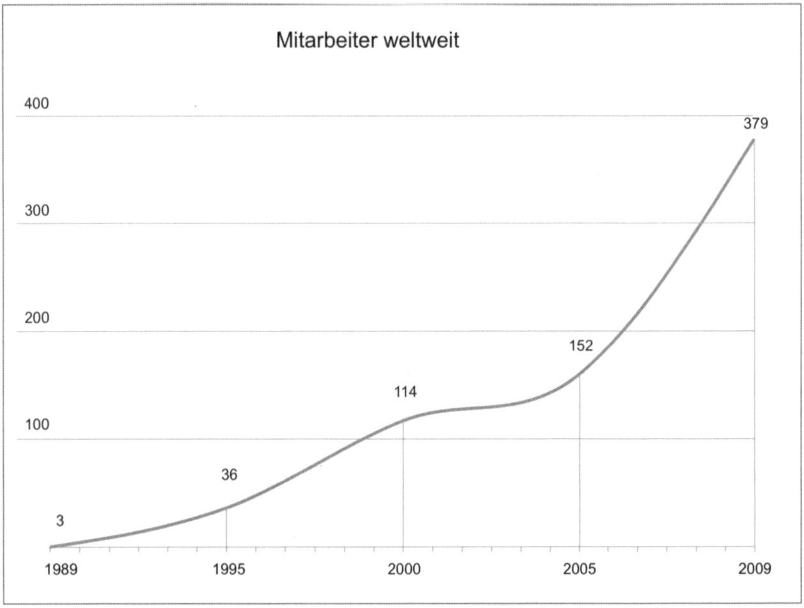

Abbildung 59: Das Mitarbeiterwachstum bei OMICRON

Im März 2010 wurde OMICRON vom Great Place to Work Institute als bester Arbeitgeber Österreichs in der Kategorie Großunternehmen ausgezeichnet – und kann sich damit auch zu den 25 besten Arbeitgebern in Europa zählen.

3.5.2.2 Die Grundphilosophie

Als Rainer Aberer OMICRON gründete, wollte er „ohne Hierarchien und Barrieren mit hervorragenden Kollegen an inspirierenden Projekten arbeiten – und dabei lange Haare und Jeans tragen." Er wollte von Anfang an „den Kunden begeistern" – und wusste, dass das nur mit zufriedenen und von den Leistungen des Unternehmens überzeugten Mitarbeitern möglich sein würde. Wörtlich heißt es daher im OMICRON-Leitbild:

„Wir schaffen ein Umfeld ohne künstliche Barrieren, in dem ein Team von ausgezeichneten Mitarbeitern hervorragende Ergebnisse erzielen und gleichzeitig Spaß bei der Arbeit haben kann. Dieses Team erhält seine Bestätigung vom Kunden."

Mit seinen Arbeitsmethoden will OMICRON Teamarbeit und eine offene Kommunikation fördern. Angestrebt wird ein Klima von fruchtbarer Zusammenarbeit, in dem die Mitarbeiter danach streben, ihre Ideen, Gedanken und Meinungen beizutragen. Auf diese Weise will OMICRON ein motivierendes und spannendes Umfeld schaffen, in dem innovative Produkte und Dienstleistungen entwickelt werden können. Flache Hierarchien sollen es möglich machen, dass Beiträge jedes Mitarbeiters gleich gewichtet werden. Diese Eigeninitiativen von Mitarbeitern sind bei OMICRON genauso selbstverständlich wie flexible Arbeitszeitmodelle.

Kultur des Vertrauens

Für HR Manager Harald Dörler ist das Arbeitsumfeld bei OMICRON vor allem geprägt durch die gelebte Vertrauenskultur und die gute Beziehung zwischen Mitarbeitern und Führungskräften bzw. zwischen den Arbeitskollegen untereinander:

„Wir schenken neuen Mitarbeitern schnell Vertrauen und geben ihnen Eigenverantwortung. Auch die flach gelebten Hierarchien tragen zu einem guten Verhältnis zwischen Mitarbeitern und Vorgesetzten bei, wobei ‚künstliche Barrieren' wie ausufernde Regelungen, Statussymbole und Bevorzugung Einzelner bewusst vermieden werden."

3.5.2.3 Der Plan und Prozess

Ausgehend von der Prämisse, dass nur zufriedene und überzeugte Mitarbeiter das Unternehmen nach vorne bringen, ist Employer Branding bei OMICRON letztlich seit der Unternehmensgründung systemimmanent – ohne freilich so bezeichnet worden zu sein. Ein

Arbeitsumfeld zu schaffen, in dem jeder gerne arbeitet, war rückblickend sicherlich eine der wichtigsten Komponenten für die heute starke Arbeitgebermarke von OMICRON.

Als wichtig erwies sich diese Positionierung vor allem vor dem Hintergrund des Wachstums. Schließlich galt es in den vergangenen fünf Jahren rund 200 Fachkräfte für den Standort in Klaus zu finden.

Durch den authentisch gelebten Leitsatz und die besondere Unternehmenskultur war „Employer Branding" im klassichen Sinne nie ein spezielles Thema bzw. wurde nie als besonderes Konzept oder Projekt eingeführt. Es herrschte schon immer die Überzeugung vor, dass motivierte Mitarbeiter der Grundstein für den Erfolg sind und die Gesamtheit der Mitarbeiter den Employer Brand ausmachen.

Der in der folgenden Abbildung beschriebene Prozess ist deshalb auch mehr als retrospektive Abbildung des beschrittenen Weges zu werten. (Quelle: OMICRON)

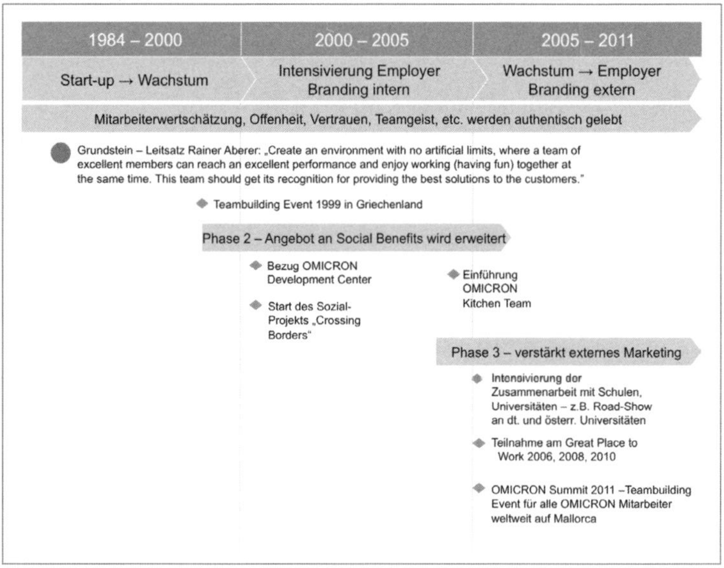

Abbildung 60: Der Prozess bei OMICRON im Überblick

3.5.2.4 Die Umsetzung des Erfolgsfaktors

Employer Branding beginnt bei OMICRON in der Tat innen: Wenn man das Gebäude betritt, spürt man sofort, dass hier ein anderer Wind weht: ein anderes Miteinander. Flache Hierarchien, ein freundschaftlicher Umgang und ein großes Maß an Vertrauen – das sind auch die Maximen des aktuellen Geschäftsführers Manfred Strauß. Ein Zeichen für sein Rollenverständnis ist seine Visitenkarte. Statt „Geschäftsführer" steht hier „Corporate Structures & Central Services". Strauß erklärt das wie folgt:

„Ich bin der Geschäftsführer. Das weiß unser Team. Aber der ‚Chef' hat hier eine etwas andere Rolle. Wir sehen Management als Dienstleistung für die Mitarbeiter und für das Unternehmen. Meine Aufgabe besteht auch darin, diese Haltung umzusetzen. Es geht darum, dass die Menschen, die hier arbeiten, wissen, dass ihnen vertraut und viel zugetraut wird."

Zahlreiche interne Maßnahmen

Im Sinne dieser Überzeugung und der Wertschätzung der Mitarbeiter wurde beispielsweise Folgendes umgesetzt:

- Im Jahr 1999 fand das erste OMICRON Teambuilding-Event statt – in Griechenland und mit der kompletten Belegschaft des Unternehmens. Und auch im Jahr 2011 hat ein Großteil der mittlerweile über 400 Mitarbeiter am OMICRON Summit auf Mallorca teilgenommen.
- Im Jahr 2000 wurde das neue Firmengebäude eingeweiht; bei den Planungen des „OMICRON Development Centers" waren die Mitarbeiter stark einbezogen worden. Die folgende Abbildung zeigt das Team von OMICRON vor dem neuen Gebäude. (Quelle: OMICRON)

Abbildung 61: Die OMICRON-Mitarbeiter vor „ihrem" Firmengebäude

Die gelebte Vertrauenskultur bei OMICRON manifestiert sich beispielsweise in einer sehr überschaubaren Anzahl an Vorschriften und Regelungen, in flexiblen Arbeitszeiten für so gut wie alle Unternehmensbereiche und im Fehlen von Dresscodes oder Statussymbolen wie reservierten Parkplätzen oder Firmen-PKW für die Geschäftsleitung. Sogar die Büros sind für alle gleich – egal ob für Geschäftsführer oder Lagerarbeiter. Ebenso sind bei OMICRON alle Mitarbeiter per Du.

Mit der großzügigen Förderung von Weiterbildungsmaßnahmen sowie mit Angeboten für Elternteilzeit und Kinderbetreuung will OMICRON die Work-Life-Balance fördern. Zum Angebot des Unternehmens an seine Mitarbeiter gehören ein Fitness- und ein Ruheraum genauso wie verschiedene firmeninterne Clubs, ein Beachvolleyballplatz, ein umfassendes Gesundheitsprogramm oder gratis Kaffee, Obst, Schokolade, Getränke oder Biojoghurt in allen Fluren des Unternehmensgebäudes. Eine besonders ungewöhnliche Maßnahme ist wohl das im Jahr 2005 eingeführte Kochteam. Mitarbeiter haben hier die Möglichkeit, sich an der Arbeit im Kochteam zu beteiligen und dafür umsonst mittagzuessen. Damit haben die Mitarbeiter nicht nur die Möglichkeit, im Haus zu essen; sie haben so auch die Gelegenheit, sich regelmäßig zu treffen und auszutauschen. Am gemeinsamen Kochen und Essen beteiligen sich ca. 50 Prozent der OMICRON-Mitarbeiter.

Für Geschäftsführer Manfred Strauß ist ein gutes Arbeitsumfeld einer der wichtigsten Faktoren für eine starke Arbeitgebermarke:

„Die Mitarbeiter sind unsere wichtigsten Markenbotschafter nach außen. Wenn wir fair mit unseren Mitarbeitern umgehen, wenn wir ihnen Verantwortung übergeben und Freiräume einräumen, wenn wir Wertschätzung leben und respektvoll miteinander arbeiten, dann müssen wir uns über eine authentische und glaubwürdige Arbeitgebermarke keine Sorgen machen."

Externes Engagement

Neben diesen nach innen gerichteten Maßnahmen verstärkte OMICRON auch das externe Engagement. So lädt das Unternehmen regelmäßig Universitäten und Fachhochschulen ein, besuchte im Rahmen einer Roadshow mit einem OMICRON-Truck Universitäten in Österreich und Deutschland, stellt Mitarbeiter für Seminare und Vorlesungen an den Hochschulen ab, „hostet" das Abschlussevent der Sommerakademie für hochbegabte Kinder, lädt einmal jährlich rund 900 Maturanten/Abiturienten zum schools@OMICRON-Tag ein und bietet jährlich bis zu 100 Praktikumsstellen und Ferienjobs an.

Innovativ und dynamisch, aber auch bunt und unkonventionell – so präsentiert sich OMICRON nach innen wie nach außen. Im Jahr 2000 startete OMICRON außerdem mit „Crossing Borders" ein Sozialprojekt zur Unterstützung der Ausbildung von Kindern in benachteiligten Ländern. Auch diese Maßnahme entspringt der Philosophie des Firmengründers Rainer Aberer:

„Wir sind nicht da, um uns zu bereichern, sondern um unseren Beitrag zu leisten, dass sich in der Welt etwas bewegt."

Die reinen Tatsachen sprechen also für sich. Um zu erheben, wie sehr die Mitarbeiter OMICRON als Arbeitgeber schätzen und wie sich das Unternehmen im Vergleich zu anderen Unternehmen schlägt, entschied sich OMICRON 2006 erstmals, an der Great-Place-to-Work-Bewertung teilzunehmen. Zuvor hatte OMICRON zwar interne Mitarbeiterbefragungen durchgeführt; ein Benchmarking war damit jedoch nicht möglich.

3.5.2.5 Das Ergebnis

Bester Arbeitgeber Österreichs

Die Great-Place-to-Work-Auszeichnung zählt zu den renommiertesten internationalen Business Awards. Für die Bewertung werden Mitarbeiter anonym zu den Themen Glaubwürdigkeit, Respekt und Fairness des Managements gegenüber den Beschäftigten befragt, aber auch zu Identifikation und Teambuilding. Diese Resultate, kombiniert mit einer Bewertung der eingesetzten Personalmaßnahmen, sind dann ausschlaggebend für die Bewertung. Bei der jüngsten Befragung gaben 97 Prozent der Mitarbeiter an, dass OMICRON ein großartiges Arbeitsumfeld bietet – das führte zu Platz 1 als bester Arbeitgeber Österreichs.

Das Mitarbeiterfeedback aus der Befragung wurde sehr ernst genommen, konkrete Verbesserungen wurden angestoßen. Auch wenn für OMICRON die Außenwirkung nur an zweiter Stelle stand, nutzte das Unternehmen den positiven Nebeneffekt, die Auszeichnung auch für externe Employer-Branding-Maßnahmen einsetzen zu können. Die folgende Darstellung zeigt beispielsweise einen Ausschnitt der Pressemitteilung. (siehe Abbildung 62, Quelle: OMICRON)

Die hohe Zufriedenheit der Mitarbeiter und der erste Platz beim Great Place to Work Award 2010 in Österreich sprechen eine klare Sprache: Alle internen Maßnahmen, um Zufriedenheit und Motivation der Mitarbeiter zur erhöhen, haben einen unbestreitbaren Effekt auf eine positive Außenwirkung und eine starke Arbeitgebermarke.

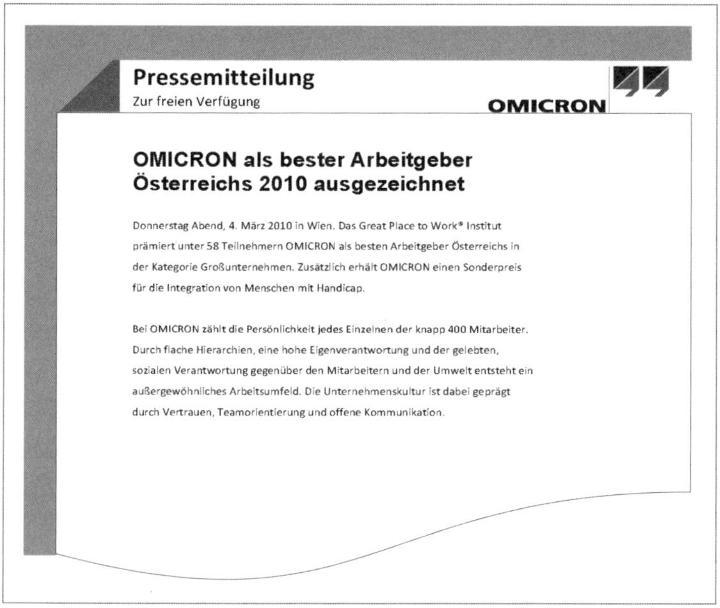

Pressemitteilung

Zur freien Verfügung

OMICRON

OMICRON als bester Arbeitgeber Österreichs 2010 ausgezeichnet

Donnerstag Abend, 4. März 2010 in Wien. Das Great Place to Work® Institut prämiert unter 58 Teilnehmern OMICRON als besten Arbeitgeber Österreichs in der Kategorie Großunternehmen. Zusätzlich erhält OMICRON einen Sonderpreis für die Integration von Menschen mit Handicap.

Bei OMICRON zählt die Persönlichkeit jedes Einzelnen der knapp 400 Mitarbeiter. Durch flache Hierarchien, eine hohe Eigenverantwortung und der gelebten, sozialen Verantwortung gegenüber den Mitarbeitern und der Umwelt entsteht ein außergewöhnliches Arbeitsumfeld. Die Unternehmenskultur ist dabei geprägt durch Vertrauen, Teamorientierung und offene Kommunikation.

Abbildung 62: Die Pressemeldung „Bester österreichischer Arbeitgeber“

OMICRON kann sich aufgrund dieser Auszeichnung nicht nur als „bester Arbeitgeber Österreichs“ bezeichnen, das Unternehmen ist auch der 24. beste Arbeitgeber in ganz Europa. Zusätzlich erhielt OMICRON einen Sonderpreis für die Integration von Menschen mit Behinderung.

Die besondere OMICRON-Kultur soll das Unternehmen auch in Zukunft stark machen. Harald Dörler:

„Dass wir das, was uns in der Vergangenheit stark gemacht hat, auch in Zukunft beibehalten können – trotz raschen Wachstums –, ist die größte Herausforderung. Wenn wir in zehn oder 20 Jahren noch von der besonderen OMICRON-Kultur reden können und unsere Mitarbeiter auch weiterhin positive Markenbotschafter sind, dann ist uns dies gelungen.“

Weitere Auszeichnungen

Auch in den Vorjahren konnte das Vorarlberger Unternehmen schon zahlreiche Top-Platzierungen verbuchen. Im Jahr 2006 und 2008 belegte OMICRON Platz 2 in Österreich; im Jahr 2006 war es europaweit das beste Unternehmen in der Elektronik-Branche. Für das firmeninterne Sozialprojekt „Crossing Borders" erhielt OMICRON 2004 den Trigos-Preis, bereits ein Jahr zuvor war OMICRON Landessieger in Vorarlberg beim Staatspreis für Innovation. Für das unter Mitarbeiter-Beteiligung geplante OMICRON Development Center bekam das Unternehmen im Jahr 2001 den Vorarlberger und den Österreichischen Bauherrenpreis verliehen.

3.6 Erfolgsfaktor 6: Authentizität ist Trumpf

3.6.1 Der Erfolgsfaktor im Licht von Theorie und Praxis

Erklärung des Erfolgsfaktors

Selbst wenn alles sauber geplant wurde, der angestrebte Employer Brand perfekt zur Gesamtmarke passt und auch intern Akzeptanz und Zuspruch findet, so kann die gesamte Initiative doch scheitern, wenn es ihr an Authentizität fehlt. In schlichten Worten: Was man proklamiert, sollte wirklich zum Unternehmen passen und ehrlich gemeint sein – Authentizität ist das Fundament der Glaubwürdigkeit. Jeder Employer Brand muss daher auf seine Inhalte überprüft werden: Ist die Selbstdarstellung nach außen auch Ausdruck der tatsächlich gelebten Führungskultur? Und Ausdruck des tatsächlichen Selbstverständnisses des Unternehmens? Und wo sind die neuralgischen Punkte, die eigenen Schwächen, die man als Arbeitgeber auch erwähnen sollte, selbst wenn sie nicht vorteilhaft zu sein scheinen?

Gelebte Führungskultur des Unternehmens

Ein Unternehmen wird in besonderer Weise durch seine Führungskräfte repräsentiert. Die Führungskultur ist Ausdruck aller geschriebenen und ungeschriebenen Regeln im Unternehmen und deren Interpretation durch die Führungskräfte. Wie wird Leistung gemessen? Wie wird Leistung belohnt? Wie wird Feedback gegeben? Wie viel Eigenständigkeit und Initiative der Mitarbeiter ist erwünscht? Welche Aufgaben werden in der Regel delegiert? Bemühen sich die Führungskräfte darum, ein Vorbild zu sein? Gibt es im Unternehmen Raum für Willkür? Die Antworten auf all diese und noch viel mehr Fragen sollten zur Selbstdarstellung des Unternehmens passen. Proklamiert ein Unternehmen beispielsweise flache Hierarchien, agiert aber getreu dem Motto „Der Chef hat immer recht“, entstehen tiefe Klüfte zwischen Worten und Taten. Spätestens beim Eintritt in das

Unternehmen werden sich neue Mitarbeiter enttäuscht oder sogar getäuscht fühlen.

Gelebtes Selbstverständnis des Unternehmens

Was für die Führungskultur gilt, gilt auch für das Selbstverständnis des Unternehmens im weiteren Sinne. Wie sieht sich das Unternehmen selbst? Wie würden Mitarbeiter das Unternehmen charakterisieren? Einfallsreich, bunt, dynamisch? Klar, geordnet, performant? Konservativ, strukturiert, überlegt? Solche Beschreibungen lassen sich erfragen – und das beste Employer Branding ist jenes, das genau zu diesen Aussagen passt.

Wo Licht ist, fällt auch Schatten

Sicher möchte man sich immer gerne von seiner besten Seite zeigen – vor allem, wenn man um Talente wirbt. Und wirft es nicht auch auf den Mitarbeiter ein gutes Licht, wenn er in einem Unternehmen arbeitet, das er durchwegs positiv darstellen kann? Keine Frage. Dennoch ist es unverzichtbar, auch neuralgische Punkte anzusprechen. Was erwartet den Kandidaten außer eitel Sonnenschein? Sind die Arbeitszeiten belastend? Ist der Leistungsdruck besonders groß? Oder ist vielleicht das Arbeitsklima angespannt? In jedem Unternehmen gibt es auch Schattenseiten, und das ist nicht ehrenrührig, sondern selbstverständlich. Und kommt für einen Bewerber nur das omnipotente, durchweg strahlende Vorzeigeunternehmen in Frage, hat er sich schlichtweg noch nie mit der betrieblichen Realität auseinandergesetzt: Unternehmen sind wie Menschen – es gibt sie nur im Ganzen: mit ihren positiven und ihren negativen Seiten. Wer das nicht akzeptieren möchte und das pure Ideal sucht, wird als Arbeitnehmer bereits bei den kleinsten Schwierigkeiten an seine Belastungs- und Toleranzgrenzen stoßen. Wer dagegen mit Realitätssinn und auch einer gewissen Portion Leidensfähigkeit und Frustrationstoleranz gesegnet ist, der wird den unvermeidbaren Schattenseiten mit Humor, aber auch mit der Unduldsamkeit des Veränderungswillens entgegentreten. Wer sich dagegen als Opfer der Umstände wähnt und mit der Ehrlichkeit und dem Eingeständnis von Schwächen eines Unternehmens nicht umgehen kann, sollte auch seinen Platz in dieser Firma nicht finden. Insofern lohnt es sich doppelt, im Bewerbungsgespräch nicht nur eine heile Welt vorzugaukeln, sondern auch auf Schwächen und Probleme des Unternehmens hinzuweisen.

3.6.1.1 Herausforderungen

Ehrlichkeit bedeutet keine öffentliche Selbstzerfleischung

Ehrlichkeit ist also nicht nur richtig, sondern auch wichtig. Dennoch kann das nicht bedeuten, dass sich ein Unternehmen im Dienste des Employer Brandings öffentlich brandmarkt oder coram publico Beichte tut. Es muss aber bedeuten, dass ein Unternehmen im individuellen Kontakt mit dem Bewerber Schwächen aktiv anspricht. Hierfür eignet sich insbesondere das Bewerbungsgespräch, aber auch ein initiiertes Vier-Augen-Gespräch zwischen dem Bewerber und einem Mitarbeiter aus der Abteilung der zu besetzenden Stelle. Nur wer sich auch von hier eventuell offenbarten Makeln nicht abschrecken lässt, passt wirklich zum Unternehmen.

Die drei Musketiere oder die Masse

Natürlich kann es immer passieren, dass es der Bewerber mit einem besonders charismatischen Manager zu tun hat, während die Masse der anderen Manager vielleicht nicht so überzeugt von ihrem Unternehmen ist oder sich nicht annähernd so glanzvoll ausdrücken kann oder will. Ein Bewerber wird kaum einschätzen können, ob er einem Repräsentanten der Mehrheit oder der Minderheit gegenübersitzt. Und so ehrbar die Motive einer betrieblichen Minderheit auch sein mögen: Die Minderheit bildet nicht die Unternehmensrealität ab. Insofern muss eine Employer-Branding-Initiative unbedingt auch die einstellenden Manager als Zielgruppe adressieren, sie auf ihre Bedeutung als Repräsentanten des Unternehmens hinweisen und auch beispielhafte Questions & Answers bereitstellen, wie man mit der einen oder anderen bohrenden Frage umgehen sollte: nämlich authentisch und aufrichtig. Aber auch mit einem gewissen vertrieblichen Geschick.

Schöne, neue Welt?

Wie bereits an anderer Stelle erwähnt, besteht auch die Gefahr, dass Manager – vom eigenen Wunschdenken geleitet – beim Einstellungsgespräch ihr Unternehmen nur in den leuchtendsten Farben schildern. Das kann komplett unbewusst geschehen, schließlich passiert es auch im Privatleben immer wieder, dass man in seiner Selbstdarstellung weniger vorteilhafte Details ohne Vorsatz ausspart. Dieser latenten Gefahr sollte man sich bewusst werden und gezielt entgegenwirken. Hierfür kann die Employer-Branding-Initiative Managern für das Bewerbungsgespräch eine Themen-Checkliste an die Hand geben, die den klassischen Fragenkatalog ergänzt oder ersetzt und garantiert, dass schwierige Themen nicht unter den Tisch fallen.

3.6.1.2 Nutzen

Authentizität schafft die Voraussetzung für Glaubwürdigkeit und ist insofern unerlässlich. Außerdem fungiert sie als Filter für die Eignung der Kandidaten, die sich angesichts unbequemer Unternehmensrealitäten entweder abschrecken lassen oder aber sogar herausgefordert fühlen – Stärken und Schwächen sind durchaus relativ. Darüber hinaus ergibt sich aus den angesprochenen Schwächen des Unternehmens die Schwere der „Not“. So mancher mag denken: Nun, wenn das alles ist, kann es nicht wirklich schlimm kommen. Der Bewerber ist also in der Lage, im Vorfeld seiner Einstellung zu überprüfen, wie unzulänglich diese Unternehmensgegebenheiten für ihn persönlich sein mögen.

3.6.1.3 Zusammenfassung

Die nachfolgende Abbildung zeigt den Umfang der Aufgaben, die im Rahmen dieses Erfolgsfaktors anfallen.

Authentizität ist Trumpf	• Was man proklamiert, muss zu einem passen • Die Inhalte müssen ehrlich gemeint sein • Ohne Beweisführung keine Glaubwürdigkeit
Aufgabenstellung	• Überprüfung der Aussagen in Bezug auf gelebte Führungskultur • Überprüfung der Aussagen in Bezug auf Selbstverständnis des Unternehmens • Unterstützung der individuellen authentischen Kommunikation
Herausforderungen	• Sorgfältiges Austarieren von Licht und Schatten • Training der Manager • Wunschdenken
Nutzen	Je authentischer, desto glaubwürdiger. Dadurch automatisches Herausfiltern der geeigneten Bewerber

Abbildung 63: Der Erfolgsfaktor „Authentizität ist Trumpf"

3.6.2 Ein Fallbeispiel: Roland Berger Strategy Consultants GmbH

„It's character that creates impact" – das gilt für aktuelle und künftige Mitarbeiter von Roland Berger Strategy Consultants gleichermaßen. Persönlichkeit und Authentizität der Mitarbeiter sind entscheidend für den Erfolg der Strategieberatung Roland Berger Strategy Consultants. Deshalb steht dieser Gedanke auch im Mittelpunkt der Positionierung der Arbeitgebermarke.

3.6.2.1 Das Unternehmen im Profil

Roland Berger Strategy Consultants, 1967 gegründet, ist eine der weltweit führenden Strategieberatungen. Mit mehr als 2.000 Mitarbeitern und 42 Büros in 30 Ländern ist das Unternehmen in den global wichtigsten Märkten erfolgreich aktiv. Roland Berger Strategy Consultants berät international führende Industrie- und Dienstleistungsunternehmen sowie öffentliche Institutionen. Das Beratungsangebot umfasst alle Fragen strategischer Unternehmensführung – von der Ausrichtung bzw. Einführung neuer Geschäftsmodelle und -prozesse sowie Organisationsstrukturen bis hin zur Technologiestrategie.

Roland Berger Strategy Consultants ist eine unabhängige Partnerschaft im ausschließlichen Eigentum von rund 200 Partnern. Die Strategieberatung ist in globalen Kompetenzzentren organisiert. Für jedes Beratungsprojekt wird individuell das geeignetste interdisziplinäre Team aus Experten mit branchenspezifischem und funktionalem Know-how zusammengestellt. Gemeinsam mit den Klienten entwickelt Roland Berger maßgeschneiderte Konzepte. Der Beratungsansatz gründet sich dabei insbesondere auf die unternehmerische Persönlichkeit, die Integrität und die Individualität der Berater. Für Per Breuer, Partner und Head of Global HR bei Roland Berger, ist diese Konzentration auf die Persönlichkeit ein entscheidender Faktor:

„Persönlichkeit ist dabei für uns kein Stereotyp oder eine Worthülse. Jeder Mitarbeiter bringt einen anderen Hintergrund, eigene Stärken und Erfahrungen mit ein und kann und soll auch so sein, wie er oder sie wirklich ist.“

3.6.2.2 Die Grundphilosophie

Employer Brand und Corporate Brand – das gehört auch bei Roland Berger Strategy Consultants untrennbar zusammen. Das Unternehmen verfolgt einen ganzheitlichen Ansatz und legt auf eine weltweit konsistente Markenführung wert – als Unternehmen wie als Arbeitgeber. Auch wenn es regional – allein schon aufgrund der unterschiedlich ausgeprägten Erfahrung der lokalen Unternehmen mit Strategieberatung – ganz unterschiedliche Märkte gibt: Das Produkt, die hochqualifizierte Beratungsleistung, die Roland Berger Strategy Consultants anbietet, ist überall auf der Welt einheitlich.

Corporate Brand ist die Eintrittskarte

Für Christiane Diekmann, Marketing Manager und zuständig für Globale Positionierung und Global Branding bei Roland Berger, ist der Einklang zwischen Corporate Branding und Employer Branding deshalb so besonders wichtig, weil eine exzellente Unternehmensreputation praktisch die „Eintrittskarte" darstellt, auf der der Employer Brand aufsetzt:

„Gleichzeitig hat ein gelungenes Employer Branding über die richtigen, begeisterten und leistungsstarken Mitarbeiter direkte, positive Auswirkungen auf die Corporate Reputation bei unseren Kunden. Einen Gegensatz zwischen Corporate und Employer Branding gibt es daher bei uns nicht. Wir verstehen uns als zwei Seiten ein und derselben Medaille und arbeiten Hand in Hand."

Zu den Zielgruppen der Arbeitgebermarke zählt Roland Berger Strategy Consultants die künftigen Bewerber genauso wie die aktuellen Mitarbeiter; dazu kommen die Alumni – werden doch die meisten ehemaligen Mitarbeiter nach ihrer Zeit bei Roland Berger nicht selten zu Entscheidungsträgern in Unternehmen und damit zu wichtigen Multiplikatoren oder potenziellen Kunden von Roland Berger.

Mitarbeiter als wichtigste Markenbotschafter

Die Mitarbeiter sind allein schon deshalb eine wichtige Zielgruppe des Employer Branding, weil sie eine zentrale Rolle als Markenbotschafter spielen – wie in allen Dienstleistungsunternehmen wird die Marke durch die handelnden Personen repräsentiert: Sie sind bei immateriellen Gütern der sichtbare Ausdruck von Anspruch und Umsetzung eines Markenversprechens. Ein überzeugendes und glaubhaftes Employer Branding gegenüber den eigenen Mitarbeitern – eng verzahnt mit dem Corporate Branding – gewährleistet ein konsistentes Auftreten der Berater gegenüber dem Kunden. Employer Branding wird so zu einem entscheidenden Teil der internen Markenführung. Solcherart geprägt repräsentieren die Mitarbeiter die Unternehmenswerte nicht nur einheitlich nach außen hin. Über die Stärkung der gemeinsamen Unternehmenskultur unterstützt gutes Employer Branding zudem die für den Kunden so wichtige Konsistenz in der Beratungs- und Servicequalität.

Stärkere Bindung an das Unternehmen

Die gemeinsame Unternehmenskultur soll schließlich die Mitarbeiter auch stärker an das Unternehmen binden. Dieser Punkt ist bei Beratungsfirmen wie Roland Berger besonders relevant, gilt ein Einstieg in die Strategieberatung doch für viele Absolventen als Karrieresprungbrett. Um den Bedarf an Neueinstellungen zu decken und stets die besten Berater für die Kunden zu gewinnen, zielt das Employer Branding naturgemäß sehr stark auf akademisch exzellent ausgebildete Bewerber mit hoher Sozialkompetenz, die sogenannten High Potentials.

3.6.2.3 Der Plan und Prozess

Verstärkte Maßnahmen und Aktivitäten rund um das Thema Employer Branding gibt es bei Roland Berger schon seit langem. Im Jahr 2004 wurde ein umfangreicheres Projekt zur globalen Positionsbestimmung des Corporate und des Employer Brands durchgeführt.

Ausgehend von einer breit angelegten internen und externen Befragung zu den Kernwerten und der „DNA" des Unternehmens, leitete Roland Berger die zentralen Unternehmenswerte und im Nachgang den Brand Slogan ab.

Bestimmung der Kernwerte

Mithilfe des sogenannten „RB Profilers" ermittelte das Unternehmen die Zustimmung zu 15 Kernwerten – innerhalb des Unternehmens wie auch extern. Befragt wurden Kunden wie Mitarbeiter. Die folgende Abbildung zeigt einen Überblick über die grundlegend abgefragten Kernwerte. (Quelle: Roland Berger)

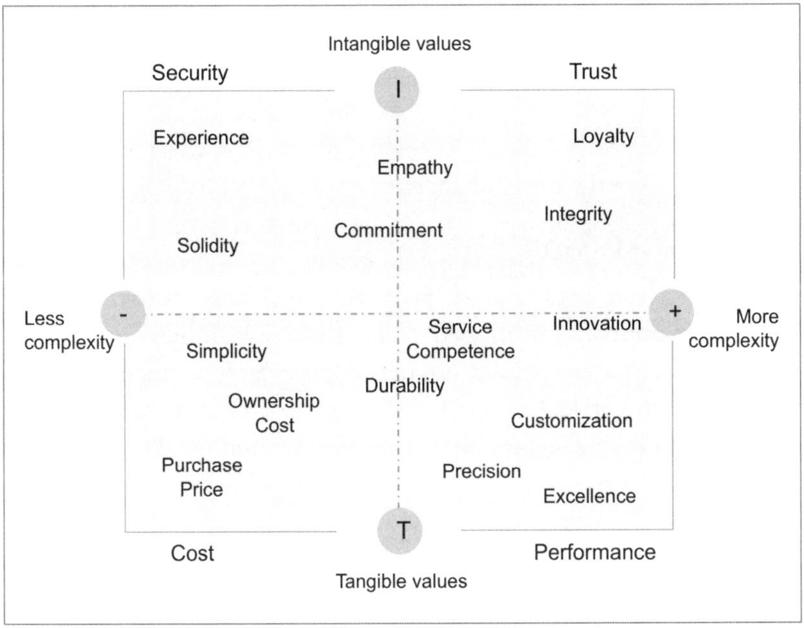

Abbildung 64: Der Roland Berger Profiler zur Ermittlung der Kernwerte

Die Auswertung der Befragungen zeigte eine starke Übereinstimmung in den Wahrnehmungen: einmal innerhalb der unterschiedlichen Unternehmensbereiche und über alle Länder und Regionen hinweg, andererseits auch zwischen der internen und externen Wahrnehmung der Unternehmenscharakteristika.

Entrepreneurship, Partnership, Excellence

Als wesentliche Unternehmenswerte kristallisierten sich Unternehmertum, Partnerschaft und Exzellenz heraus. Die Positionierung erfolgte nun rund um diese drei Werte:

- Entrepreneurship – Wir sind ein global erfolgreiches Netzwerk von Unternehmern, die pragmatische und umsetzbare Lösungen liefern.
- Partnership – Wir setzen auf vertrauensvolle und konstruktive Zusammenarbeit in unserem Unternehmen und mit unseren Klienten.
- Excellence – Wir liefern exzellente Ergebnisse und entwickeln weltweit vorbildliche Ansätze. So schaffen wir messbar und nachhaltig Wert für unsere Klienten.

Character und Impact

Als Ergebnis dieses fundierten Prozesses der Eigen- und Fremdanalyse wurde zudem deutlich, dass die starke Persönlichkeit und die Individualität bzw. Eigenständigkeit der Berater einerseits und die sehr unternehmerische Einstellung und pragmatische Ergebnisorientierung andererseits zu den Schlüsselelementen des Beratungsverständnisses von Roland Berger Strategy Consultants zählen.

Aus diesen Erkenntnissen leitete das Unternehmen im Jahr 2005 schließlich den Brand Slogan „It's character that creates impact“ ab, der die für Roland Berger zentralen und beratungsrelevanten Aspekte „character“ und „impact“ umfasst. Er bringt nicht nur Umsetzungsstärke zum Ausdruck, sondern auch, dass bei Roland Berger sehr eigenständige und charakterstarke Köpfe aus den unterschiedlichsten Fachrichtungen arbeiten. Diese Vielfalt macht es den Beraterteams zum einen möglich, kreative Lösungen für anspruchsvolle strategische Fragestellungen zu entwickeln. Zum anderen gelingt es durch die menschliche Vielfalt auch, Vertrauen zu gewinnen und den Kunden mit Authentizität und Persönlichkeit zu überzeugen.

Regelmäßige Überprüfung

Mit regelmäßigen internen Befragungen überprüft Roland Berger die Positionierung und die intern wahrgenommene Realität regelmäßig auf ihre Konsistenz. Falls Selbstbild und Positionierung auseinanderlaufen, würde Roland Berger die Positionierung nachjustieren. Die folgende Abbildung zeigt den Ansatz von Roland Berger zum strategischen Employer Branding im Gesamtüberblick. (Quelle: Roland Berger)

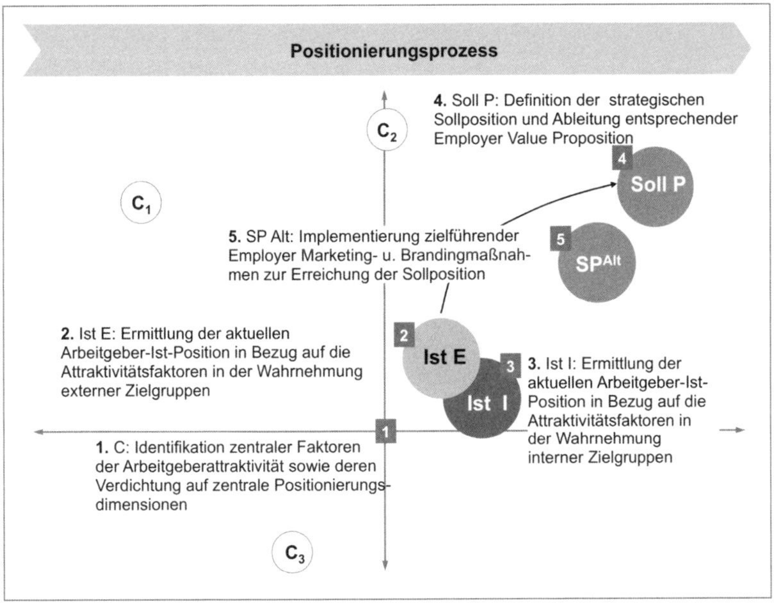

Abbildung 65: Der Roland-Berger-Ansatz zum strategischen Employer Branding

Um auch über mögliche Veränderungen in der Außenwahrnehmung jederzeit informiert zu sein, befragt das Unternehmen auch neue Mitarbeiter intensiv, warum sie sich bei Roland Berger beworben und schließlich für den Einstieg entschieden haben. Insgesamt zeigte sich, dass vor allem die unternehmerische Handlungsfreiheit für Bewerber wie Mitarbeiter einen hohen Stellenwert hat. Kathrin Kammer, HR Manager und verantwortlich für das Personalmanagement und das Recruiting, erklärt:

„Neueinsteiger übernehmen bei uns vom ersten Tag an Verantwortung und sind gefragt, ihre Ideen einzubringen. Unsere Mitarbeiter verstehen sich als Unternehmer im eigenen Unternehmen und können wirklich etwas bewegen.“

Die unternehmerische Positionierung wurde auch im Employer Branding verankert. Beispielhaft sei hier ein innovativer Ansatz aus dem Bereich Viralmarketing vorgestellt. Roland Berger führte ein „Alternate Reality Game“ unter dem Titel „The Pirates Society“ durch, das 2009 mit dem Deutschen Preis für Wirtschaftskommunikation in der Kategorie „Online“ ausgezeichnet wurde.

Ein Alternate Reality Game ist ein auf verschiedene Medien zurückgreifendes Spiel, das auf der Idee von Marketing in sozialen Netzwerken beruht und im Fall von Roland Berger verschiedenste Medien einbezieht – Print, Online und Film. Die Ereignisse der Spielwelt greifen bis in die reale Welt der Spieler und bewegen diese zum gemeinschaftlichen Handeln. Roland Berger inszenierte einen aufwändigen Wirtschaftskrimi für Studierende von renommierten Universitäten, bei dem sich die Spieler vernetzen und gemeinsam Aufgaben lösen sollten. Mit den fiktiven Protagonisten des Spiels konnten die Studierenden dabei auch live interagieren – direkt an ihrer Hochschule oder an zentralen Stellen in ihrer Stadt. Die Initialzündung für das Alternate Reality Game waren Aktivitäten auf dem Campus. Durch ungewöhnliche Aktionen wurden die Studierenden auf die „Pirates Society“ aufmerksam, ohne zu Beginn zu wissen, dass Roland Berger hinter dem Spiel steht. Über Plakate und Visitenkarten wurden die Studierenden ins Internet gelenkt, wo sie gemeinsam mit Gleichgesinnten ein fiktives Firmennetzwerk enttarnten und schließlich in die Pirates Society aufgenommen wurden. Abbildung 66 zeigt, wie das Alternate Reality Game tatsächlich umgesetzt wurde. (Quelle: Roland Berger)

Abbildung 66: Die Umsetzungsbeispiele des Alternate Reality Games

Kathrin Kammer erläutert die Hintergründe:

„In unserem Alternate Reality Game war einmal mehr Unternehmergeist gefragt. Darunter verstehen wir Risikobereitschaft und den Mut, neue Wege zu gehen sowie innovative Lösungen zu entwickeln. Dies gelingt aber letztlich nur im Team – genau wie im Beratungsgeschäft auch."

3.6.2.4 Die Umsetzung des Erfolgsfaktors

Marke vorleben und glaubhaft vermitteln

Ganz gleich, ob potenzielle Bewerber oder aktuelle Mitarbeiter: Erfolgreich kann Employer Branding nach Ansicht von Roland Berger intern wie extern nur dann sein, wenn es authentisch ist – also die richtigen Erwartungen weckt und Employer Value Proposition (EVP) und Arbeitsrealität übereinstimmen.

Für Christiane Diekmann ist die Authentizität des Employer Branding nicht nur, aber vor allem bei Beratungsfirmen entscheidend:

„Anders als bei Industrie- oder Konsumgüterunternehmen stellen bei Dienstleistern nicht etwa Produkte die verkaufsrelevante Markenoberfläche gegenüber dem Kunden dar, diese zentrale Funktion haben vielmehr die Mitarbeiter. Mitarbeiter können aber völlig anders als Produkte nicht ‚poliert', ‚zurecht gemacht' oder in ihrer täglichen Arbeit beim Kunden kontrolliert werden. Sie müssen überzeugt vom Markenkern sein, wenn sie diesen als Markenbotschafter glaubhaft vermitteln und dauerhaft vorleben sollen. Gleiches gilt für Bewerber, die eine feine Antenne dafür haben, welche Botschaften nur ‚werbemäßig aufgetischt' und welche tatsächlich ‚echt' sind."

Basis für eine authentische Employer Value Proposition war bei Roland Berger die fundierte Analyse der Kernwerte. Denn erst der Abgleich des Selbstbilds mit den von außen wahrgenommenen Eigenschaften hilft, bei möglichen Bewerbern von vorneherein realistische Erwartungen zu wecken.

Daneben hilft eine ehrliche und nachvollziehbare Positionierung der Unternehmenswerte natürlich auch, Mitarbeiter anzuziehen, die sich genau mit diesen Werten identifizieren können. Die Werte „Partnership" und „Excellence" gehören zum Selbstverständnis von Roland Berger. Vor allem der Wert „Entrepreneurship" entfaltet bei Roland Berger eine starke Wirkung, da er für die hohe unternehmerische Freiheit und ein hohes Maß an Selbständigkeit steht.

Ebenso war es für Roland Berger Strategy Consultants von Anfang an Teil des Employer Branding, das zu vermitteln, was der Realität des Arbeitsalltags tatsächlich entspricht. Eine ehrliche Darstellung der Arbeitswirklichkeit hilft in den Augen von Per Breuer, genau diejenigen Topbewerber für Roland Berger zu interessieren, die zum Unternehmen und dessen Arbeitsumfeld passen:

„Es ist uns wichtig, im Rahmen des Employer Branding das Thema ‚Entrepreneurship' zu betonen. Bewerber, die zu uns pas-

sen, fühlen sich davon angesprochen, dass wir unternehmerisch denkende, starke Persönlichkeiten suchen. Unsere Mitarbeiter handeln im Team, sind dabei äußerst selbstverantwortlich, eigeninitiativ und selbstbewusst und haben Spaß daran, sich in kürzester Zeit auf neue Situationen und Menschen einzustellen. Das vermitteln wir konsequent und betreiben damit ein realistisches Erwartungsmanagement.“

Glaubwürdige Darstellung

Voraussetzung für eine authentische Arbeitgebermarke ist neben tatsächlich gelebten Unternehmenswerten auch deren authentische und anfassbare Kommunikation. Wichtigstes Element der Employer-Branding-Strategie von Roland Berger ist deshalb auch die kontinuierliche Präsenz an den Hochschulen. Das Unternehmen führt zahlreiche Veranstaltungen an Zieluniversitäten durch und gibt somit Studierenden die Möglichkeit, Kollegen von Roland Berger persönlich kennenzulernen. Zum einen gewinnen potenzielle Mitarbeiter so einen detaillierten Einblick in die Beratungswelt, zum anderen erleben sie die Unternehmenskultur aus nächster Nähe und können für sich selbst herausfinden, ob sie sich einen Einstieg bei Roland Berger vorstellen können. Kathrin Kammer erläutert:

„Unsere Berater arbeiten sehr intensiv in Projektteams. Für Bewerber ist es eines der wichtigsten Entscheidungskriterien, mit wem sie zusammenarbeiten werden und ob sie sich mit diesem Umfeld identifizieren können. Um die eigene steile Lernkurve zu garantieren, wollen High Potentials mit spannenden Persönlichkeiten zusammenarbeiten, die Vorbildfunktion haben.“

3.6.2.5 Das Ergebnis

Roland Berger Strategy Consultants zählt zu den beliebtesten Arbeitgebern unter den Unternehmensberatungen. In der Rangliste Deutschlands beliebtester Arbeitgeber von Universum hat das Unternehmen seine Positionierung stetig ausgebaut und schaffte es im Jahr 2011 auf Platz 22 bei den für das Unternehmen besonders relevanten Wirtschaftswissenschaftlern.

Wichtiger für Roland Berger ist allerdings, dass sich die neuen Mitarbeiter sehr schnell mit dem Unternehmen identifizieren und dass ihre Erwartungen mit dem tatsächlich vorgefundenen Arbeitsalltag übereinstimmen. Für Per Breuer spielt hier vor allem die gelungene Positionierung um die Begriffe „Character" und „Impact" eine Rolle:

„Es freut uns sehr, dass viele Einsteiger heute gerade diese Aspekte als zentralen Grund für ihre Bewerbung bei uns nennen und das Unternehmen mit ihrer Persönlichkeit gestalten wollen. Noch mehr freut es uns, dass sie darin zudem einen zentralen Punkt in der Abgrenzung von unserem Wettbewerb sehen und sich deshalb sehr bewusst für uns entscheiden. Wir sind überzeugt, dass sich für uns eine konsequent an der eigenen Unternehmens-DNA ausgerichtete Arbeitgebermarke bezahlt macht."

3.7 Erfolgsfaktor 7: Mehr als nur eine Kampagne

3.7.1 Der Erfolgsfaktor im Licht von Theorie und Praxis

Erklärung des Erfolgsfaktors

Eines sei vorausgeschickt: Dieser Erfolgsfaktor ist besonders herausfordernd. Gleichzeitig bedeutet seine Berücksichtigung den Unterschied zwischen gutem und exzellentem Employer Branding. So manches Unternehmen stellt in den Mittelpunkt seines Employer-Branding-Programms eine Kampagne: in der Regel eine Image- und Markenwerbung. Das ist sicher eine gute Idee, aber leider nicht immer hinreichend, um vor allem externe Zielgruppen vollends zu überzeugen. Extern geht es darum, nicht nur ein Versprechen dahingehend zu geben, wie das Unternehmen als Arbeitgeber ist, sondern dieses Versprechen auch zu halten. Nicht selten verkündet ein Unternehmen, es sei dynamisch und flexibel – und stößt dann seine Bewerber mit langatmigen und bürokratischen Prozessen im Recruiting vor den Kopf, obwohl in manchen Abteilungen des Unternehmens tatsächlich Flexibilität und Dynamik vorherrschen. In diesem Fall wäre es trotzdem besser gewesen, man hätte die Worte „dynamisch" und „flexibel" nie in den Mund genommen.

Keine Frage: Eine professionelle Kampagne und ein professioneller Kommunikationsplan sind zentrale Elemente einer jeden Employer-Branding-Initiative. In letzter Konsequenz verlangt eine neue Arbeitgebermarke aber auch neue Prozesse, bis hin zu einem Change-Prozess in der Personalabteilung und einem Umdenken sämtlicher Recruiter und einstellenden Manager. Folgende Arbeitsschritte sind hierzu notwendig: eine Analyse der Touchpoints und eine Priorisierung der Top12, eine Vereinheitlichung der unternehmensbezogenen Erlebniswelt der Kandidaten, ein Redesign des Recruiting-Prozesses und ein umfassendes Veränderungsmanagement für die Recruiting Community.

3.7.1.1 Analyse der Touchpoints und Priorisierung der Top 12

Der erste Schritt besteht darin, sämtliche Touchpoints zwischen Kandidaten und Unternehmen aufzulisten und zu bewerten. Dabei sollte jedes Unternehmen individuell prüfen, welche Touchpoints in Bezug auf die von ihm anvisierten Zielgruppen, das eigene Unternehmen und das Marktumfeld die wichtigsten sind. Abbildung 67 zeigt, wie eine solche Bewertung systematisch erfolgen kann. Die Bewertung reicht von „-" für unbedeutende, über „+" für bedeutende, bis „++" für sehr bedeutende Touchpoints. Dazu werden zunächst alle Touchpoints aufgelistet und dann markiert, welche Zielgruppen in welchem Ausmaß mit den jeweiligen Touchpoints in Berührung kommen – also eine quantitative Bewertung: je mehr Zielgruppen, desto höher die Gewichtung. Dann wird die Qualität bewertet: Je

Touchpoints	Quantität				Qualität	Einfluss	Top 12
	Schüler	Studenten	Absolventen	Professionals			
Veranstaltungen							
Unternehmenspräsentation	-	+	+	-	-	++	
Werksführungen	-	-	-	-	-	++	
Hochschulmessen	-	++	-	-	++	++	
Recruiting-Veranstaltungen	-	++	++	-	++	++	x
Messen	-	-	-	+	-	++	
Expertenkonferenzen	-	+	+	++	+	++	
Jobbörse	-	++	++	++	+	++	x
Gastvorlesung	-	+	+	++	+	++	
Medien & Marketing							
Homepage	+	++	++	++	+	++	x
Social Media	+	++	++	++	+	+	
Online Jobmarkt	-	++	++	++	++	++	x
Special-Interest-Medien	-	+	+	+	+	+	
Stellenausschreibungen	-	+	++	++	++	++	x
Trend Medien	+	+	+	+	-	+	
Karriere Medien	-	++	++	++	++	+	x
Business Medien	-	+	++	++	-	+	
Radio	+	++	++	++	-	+	
TV	+	++	++	++	-	+	
Sponsoring	+	+	+	+	+	++	

Touchpoints	Quantität				Qualität	Einfluss	Top 12
	Schüler	Studenten	Absolventen	Professionals			
Multiplikatoren							
Universitäten	-	++	-	-	+	+	
Lehrer	++	-	+	-	-	-	
Eltern	++	++	+	+	+	-	
Medien	++	++	++	++	-	+	x
Verkäufer	-	-	+	+	-	-	
Serviceanbieter	-	-	+	+	-	-	
Kunden	-	-	-	++	-	-	
Mitarbeiter	++	++	++	++	+	+	x
Peers	++	++	++	++	++	-	
Studienberatung	-	++	++	-	+	-	
Berufsberatung	++	++	-	-	+	-	
Alumni	-	-	+	++	++	-	
Persönliche Erfahrungen							
Praktika	+	+	-	-	+	+	
Dissertation	-	+	+	+	+	+	
Wettbewerbe Auszeichnungen	-	+	-	-	+	+	
Stipendien	-	+	-	-	+	+	
Werkstudententätigkeiten	-	+	-	-	+	++	
Produkte	++	++	++	++	-	-	
Mentoren	-	-	+	+	++	++	
Recruitingprozess	-	++	++	++	++	++	x

Abbildung 67: Das Schema zur Priorisierung der Touchpoints

mehr Relevanz der Touchpoint für die Einstellung der Zielgruppen zum Unternehmen hat, desto höher fällt die Gewichtung aus. Als nächstes wird geprüft, ob dieser Touchpoint überhaupt gemanagt werden kann – ein Ausschlusskriterium für die weitere Betrachtung. Nun können beispielsweise die Top 12 Touchpoints herausgefiltert werden: Sie weisen die meisten „++" auf.

3.7.1.2 Vereinheitlichung der Erlebnisse für Kandidaten

Überprüfung der Einheitlichkeit

Wenn klar ist, welche Touchpoints Priorität genießen, ist auch klar, welche Erlebnisse vereinheitlicht und auf Passgenauigkeit mit der Employer Value Proposition getrimmt werden müssen. Beispielsweise kann es sich ein Unternehmen, das sich als freundlich, serviceorientiert und zuvorkommend beschreibt, nicht leisten, in den eigenen Verkaufsniederlassungen unfreundliche oder wenig engagierte Verkäufer zu beschäftigen. Schließlich macht die Zielgruppe der potenziellen Bewerber ihre Erfahrungen mit dem Unternehmen in verschiedensten Rollen, und nur eine davon ist die des Bewerbers. Und wer in der Kauferfahrung in der Rolle des Kunden die Behauptungen eines Unternehmens ad absurdum geführt sieht, der wird dieser Behauptung auch in der Rolle des Bewerbers sicherlich keinen Glauben schenken.

Sisyphos lässt grüßen

Die Aufgabe der Harmonisierung ist schwierig und aufwändig – sie gleicht einer Sisyphusarbeit[21], bei der Menschen immer wieder überzeugt, Prozesse neu definiert, Beurteilungskriterien neu aufgesetzt und das Erfolgs-Controlling überdacht werden müssen. Rückschläge sind hier fast unvermeidbar, ein langer Atem lohnt trotzdem: Denn im langen Kampf der verlockenden Botschaften gewinnt, wer erlebbar macht, was er kommuniziert.

3.7.1.3 Redesign des Recruiting-Prozesses

Insbesondere der gesamte Recruiting-Prozess sollte unter die Lupe genommen werden: Wie lange dauert es vom Eingang der Bewerbung bis zu einer ersten Reaktion des Unternehmens? Wie sympathisch, wie verbindlich ist diese Reaktion? Und in welchen Räumen finden die Bewerbungsgespräche statt? Wie erfährt der Kandidat von einer Absage? Welche Tools und Methoden kommen zum Einsatz? Und wie gebärden sich die Recruiter als zentrale Repräsentanten des Unternehmens? Wie kompetent wirken sie im Auswahlprozess? Und wie wichtig nimmt die gesamte Organisation das Thema Recruiting eigentlich? Es ist zu empfehlen, den gesamten Prozess zu dokumen-

[21] Nach Homers griechischen Sagen bestand die göttliche Strafe des Sisyphos in der Unterwelt darin, einen Steinblock einen steilen Hang hinaufzurollen. Kurz bevor er das Ende des Hangs erreichte, entglitt ihm der Stein, und er musste wieder von vorne anfangen.

tieren, zu bewerten und dann zu optimieren. Die folgende Abbildung illustriert eine Methode, die Recruiting-Prozesse abzubilden, um sie besser analysier- und veränderbar zu machen: die sogenannte Brown-Paper-Methode, die ihren Namen dem braunen Packpapier an den Wänden verdankt, auf dem Prozesse skizziert und redesigned wurden.

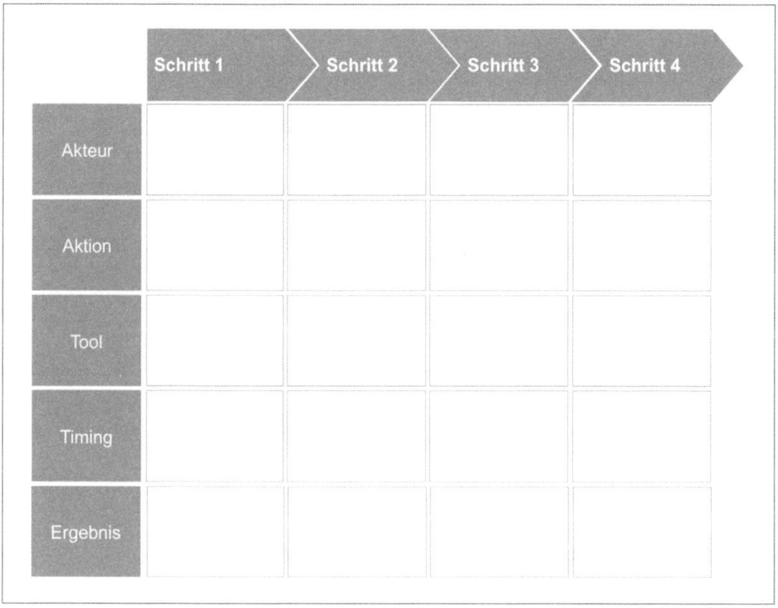

Abbildung 68: Das Schema zur Prozessdokumentation im Recruiting

3.7.1.4 Veränderungsmanagement für die Recruiting Community

Gandhis Weisheit

Der Personalbereich mag anfangs gar nicht auf die Idee kommen, sich selbst verändern zu müssen – doch wie sagt Gandhi[22]: „Du musst selbst zu der Veränderung werden, die du in der Welt sehen willst."

[22] Mahatma Gandhi (1869–1948), indischer Freiheitskämpfer.

Insofern ist die Veränderungsarbeit im Personalbereich besonders wichtig, aber auch besonders anspruchsvoll. Auch heute sehen viele Recruiter ihre Stelle noch als Machtposition, die sie zu Richtern über Bewerber erhebt, und so mancher genießt diese Macht des Auswahlprozesses durchaus. Das sei ihm gegönnt – solange er das Unternehmen vorbildlich repräsentiert, den EVP unverfälscht kommuniziert und mit positiver Attitude und gewinnender Ausstrahlung für sein Unternehmen wirbt. Leider ist dies nicht unbedingt die Regel und oft genug kommt es vor, dass ein Talent eingestellt werden soll von einem Recruiter, der selbst kein Talent ist. Es mag durchaus sein, dass sich in den nächsten Jahren das Profil des Recruiters dramatisch ändern wird, um genau an dieser Schnittstelle eine Symbiose zu schaffen.

Fragen kostet nichts

Als Startpunkt eines solchen Prozesses kann ein Unternehmen in seiner Recruiting Community eine Befragung bei den Recruitern durchführen, deren Zielsetzung es sein muss, die Ausgangslage für den sinnvollen Einsatz von Maßnahmen und Mitteln in der Transformation zu klären. Auch die einstellenden Führungskräfte sollten dabei befragt werden, das Feedback von Kandidaten kann ebenfalls wertvolle Informationen liefern. Die Auswertung kann dann den Startpunkt der Veränderungsinitiative markieren, indem der HR-Community die Distanz zwischen der erwünschten Außenwirkung und dem bestehenden Selbstbild vor Augen geführt wird. Auch hier gilt der Grundsatz, aus Betroffenen Beteiligte zu machen und die Recruiter und Manager aktiv in den Veränderungsprozess einzubeziehen. Die Abbildung rechts zeigt mögliche Inhalte einer solchen Befragung.

1. Wichtigkeit/ Dringlichkeit von Recruiting für Führungskräfte herausfinden
2. Anspruchshaltung an das Recruiting bewerten (Recruiter und Führungskraft)
3. Verhältnis zwischen Recruitern und Führungskräften bewerten
4. Zufriedenheit mit dem Recruiting bewerten (Recruiter und Führungskraft)
5. Vorurteile gegenüber Recruitern herausfinden
6. Attraktivität des Unternehmens als Arbeitgeber für Führungskräfte/ Recruiter
7. Validierung der geplanten Maßnahmen

Abbildung 69: Die möglichen Inhalte einer Befragung

3.7.1.5 Herausforderungen

Veränderungsmanagement für HR ist selten beliebt

Welcher Lehrer möchte gerne wieder die Schulbank drücken? Wohl keiner, und so ist es nicht weiter erstaunlich, dass in der Personalabteilung für gewöhnlich keine Begeisterung aufkommt, wenn Veränderungsprozesse plötzlich nicht mehr nur die „Mitarbeiter-Schäfchen" betreffen, sondern die eigenen Einstellungen und das eigene Verhalten. Genau deshalb ist es sinnvoll, innerhalb der Recruiting Community intensiv zu kommunizieren, beispielsweise mit einem Employer Branding Newsletter. Für weltweit agierende Unternehmen empfiehlt es sich, internationale Roadshows durchzuführen, um persönliche Überzeugungsarbeit zu leisten.

Viele Schnittstellen, viele Beteiligte

Einen Sack Flöhe zu hüten kann unter Umständen leichter fallen, als in dieser Gemengelage sämtliche am Touchpoint Management direkt oder indirekt Beteiligten unter einen Hut, vor allem aber auf einen Kurs zu bringen. Die vielen Schnittstellen für Touchpoint Management fordern ihren Tribut.

Individualität ist nicht ausschaltbar

Und allen Bemühungen um Vereinheitlichung der Erlebnisse an den wichtigsten Berührungspunkten mit dem Unternehmen zum Trotz: Der Mensch bleibt ein Individuum. Das ist auch gut so, denn wer möchte schon in einer Welt, in einem Unternehmen der Schablonen leben und arbeiten? Insofern kann das Ziel nicht sein, durch Gehirnwäsche mechanistische Reaktionen einzustudieren, sondern Menschen die Option anzubieten, aus Überzeugung das vorzuleben, was sie selbst gerne von ihrem Unternehmen darstellen möchten, im Einklang mit dem, was das Unternehmen kollektiv darstellen will. Mittlerweile gibt es hier schon fast bizarr anmutende Versuche, Menschen manipulativ die „richtigen" Verhaltensweisen anzutrainieren: Simulationen von „richtig" und „falsch" sind schnell programmiert. Jedoch sollte man sich kritisch fragen, ob man selbst auf diese Art und Weise zu einem Botschafter seines Unternehmens werden möchte. Ich plädiere für den Respekt gegenüber dem Einzelnen, indem er überzeugt wird und nicht, indem er trainiert wird.

3.7.1.6 Nutzen

Der Nutzen dieses Erfolgsfaktors ist eine hundertprozentig stabile und belastbare, konsistente und von innen heraus gelebte, glaubwürdige Außendarstellung des Unternehmens – mit dem Ergebnis, dass sich Kandidatenerfahrungen immer wieder bestätigen und deckungsgleich sind mit dem, was das Unternehmen kommuniziert. Es geht schlichtweg um die Übereinstimmung von Worten und Taten und ist somit von größter Bedeutung für jegliches Employer Branding.

3.7.1.7 Zusammenfassung

Die nachfolgende Abbildung wiederholt die Dimensionen dieses Erfolgsfaktors.

Mehr als nur eine Kampagne	• Image- und Markenwerbung reichen nicht aus • Versprechen geben und halten • Neue Arbeitgebermarke verlangt neue Prozesse
Aufgabenstellung	• Analyse der Touchpoints und Priorisierung der Top10 • Vereinheitlichung der Erlebnisse für Kandidaten • Redesign des Recriutingprozesses • Veränderungsmanagement für die Recruiting Community
Herausforderungen	• Veränderungsmanagement in HR unbeliebt • Vielzahl an Schnittstellen und Beteiligten zu managen • Individualität versus Konformität
Nutzen	Stabile und belastbare, konsistente Außendarstellung des Unternehmens – indem Erfahrungen von Kandidaten immer wieder bestätigen, was das Unternehmen kommuniziert. Es ist die Übereinstimmung von Worten und Taten. Dadurch: glaubwürdige Übereinstimmung von Kommunikation und eigenen Erfahrungen

Abbildung 70: Der Erfolgsfaktor „Mehr als nur eine Kampagne“

3.7.2 Ein Fallbeispiel: SAP AG

Überzeugte und zufriedene Mitarbeiter sind die besten Botschafter und die wichtigsten Multiplikatoren für eine starke Arbeitgebermarke. Doch um das ganze Unternehmen zum Recruiter zu machen – und um alle Berührungspunkte auf das Versprechen als Arbeitgeber auszurichten, müssen diese Mitarbeiter gezielt mit Botschaften, Daten, Fakten und Argumentationshilfen ausgerüstet werden. Das Software-Unternehmen SAP hat genau das getan.

3.7.2.1 Das Unternehmen im Profil

Als Marktführer für Unternehmenssoftware unterstützt SAP Firmen jeder Größe und Branche mit Software und Services. Vom Back Office bis zur Vorstandsetage, vom Warenlager bis ins Regal, vom Desktop bis hin zum mobilen Endgerät – SAP versetzt Menschen und Organisationen in die Lage, effizienter zusammenzuarbeiten und Geschäftsinformationen effektiver zu nutzen als die Konkurrenz. Mehr als 170.000 Kunden (inklusive Kunden von Sybase) setzen auf SAP-Anwendungen und -Dienstleistungen, um ihre Ziele besser zu erreichen.

SAP wurde 1972 gegründet und ist heute – gemessen an der Marktkapitalisierung – der weltweit viertgrößte unabhängige Softwarehersteller. SAP betreut Kunden in über 120 Ländern und beschäftigt mehr als 53.000 Mitarbeiter an Standorten in über 75 Ländern in den Regionen Europa, Naher Osten, Afrika (EMEA), Amerika und Asien-Pazifik-Japan (APJ). Der Hauptsitz von SAP ist Walldorf.

3.7.2.2 Die Grundphilosophie

SAP betrachtet Employer Branding nicht nur als eine Funktion der Personalabteilung, sondern als Aufgabe des gesamten Unternehmens. Das Ziel lautet, letztlich jeden einzelnen Mitarbeiter zum Recruiter zu machen. Um dieses Ziel zu erreichen, setzt SAP auf zahlreiche Maßnahmen und Tools, die ein im Sinne der Arbeitgebermarke konsistentes Auftreten nach außen ermöglichen, auf eine starke Einbindung der Mitarbeiter bei der Ausgestaltung und Weiterentwicklung des Employer Brands und nicht zuletzt auf eine Employer Value Proposition, die den einzelnen Mitarbeiter und dessen Gestaltungsmöglichkeiten in den Mittelpunkt stellt.

Geschäft mitgestalten

„At SAP, you can impact the way business is run"– die Employer Value Proposition ist abgeleitet aus der Consumer Value Proposition des Unternehmens: „Best run businesses run SAP". Die EVP stellt dem individuellen Mitarbeiter in Aussicht, dieses Geschäft der bestgeführten Unternehmen maßgeblich zu beeinflussen.

Den Mitarbeiter und dessen Einfluss auf das Geschäft und vor allem auf das Geschäft des Kunden derart in den Mittelpunkt zu stellen, ist für Personalvorstand und Arbeitsdirektorin Dr. Angelika Dammann eine Selbstverständlichkeit – insbesondere bei einem Software-Unternehmen:

„Es sind die Ideen und die Begeisterung unserer Mitarbeiter, die uns als Software-Unternehmen so erfolgreich machen. Unsere Mitarbeiter sind daher in ganz besonderem Maße entscheidend für unseren Erfolg. Unsere Employee Value Proposition soll das widerspiegeln: Unsere Software hilft unseren Kunden, erfolgreicher zu sein – und unsere Mitarbeiter haben die Möglichkeit, in über 25 verschiedenen Industrien mehr als einhunderttausend Kunden maßgeblich dabei zu unterstützen, ihre Innovationen und Geschäftsprozesse mitzugestalten und neu zu erfinden. Bei SAP haben Sie also wirklich die Chance, Einfluss zu nehmen und sich in einem werteorientierten Umfeld persönlich und professionell langfristig weiterzuentwickeln."

Abbildung 71 zeigt Plakat-Motive für unterschiedliche Zielgruppen. (Quelle: SAP)

Abbildung 71: Die Plakat-Motive für unterschiedliche Zielgruppen

Starke Wechselwirkungen

Um eine solche Positionierung als Arbeitgeber erfolgreich kommunizieren und leben zu können – nach innen wie nach außen –, setzte Susanne Labonde, die bei SAP weltweit das Employer Branding leitet, von Anfang an auf eine enge Zusammenarbeit mit anderen Unternehmensbereichen wie Marketing oder Kommunikation. Dabei geht es ihr längst nicht nur um eine gemeinsame Planung von Maßnahmen:

„Es ist für uns selbstverständlich, dass sich ein Employer Brand aus dem Consumer Brand ergeben muss. Gleichzeitig führt ein Employer Brand selbst wiederum auch zu neuen Sichtweisen auf den Consumer Brand. Wir sehen hier eine starke Wechselwirkung: Mit unserer Arbeitgebermarke revitalisieren wir nachhaltig die Marke SAP und umgekehrt."

Zum Grundverständnis von Employer Branding gehört bei SAP ferner ein hohes Maß an Authentizität aller Botschaften – sowie ein international einheitliches Auftreten.

3.7.2.3 Der Plan und Prozess

Startpunkt für eine strategische Positionierung des Unternehmens als Arbeitgeber war bei SAP das Jahr 2007. Zu diesem Zeitpunkt begann SAP, sich im Recruiting deutlich stärker international auszurichten als zuvor. Mitarbeiter wurden nun weltweit gesucht. So wuchs auch der Bedarf an global konsistenten Botschaften. Zweitens veränderten sich die Job-Profile: Wurden bisher vor allem IT-Experten gesucht, stieg nun die Nachfrage nach Wirtschaftswissenschaftlern. Die Recruiting-Aktivitäten des Unternehmens mussten also regional wie inhaltlich ausgeweitet werden – eine klare Definition der Stärken als Arbeitgeber wurde erforderlich.

Im folgenden Prozess wurden die Stärken des Unternehmens analysiert und mit den Erwartungen der Bewerber sowie mit der eigenen Unternehmensmarke abgeglichen. Die Employer Value Proposition entstand in Zusammenarbeit von Global Marketing, Global HR und Global Communications – unter Einbeziehung des Feedbacks der Bewerber. (Quelle: SAP)

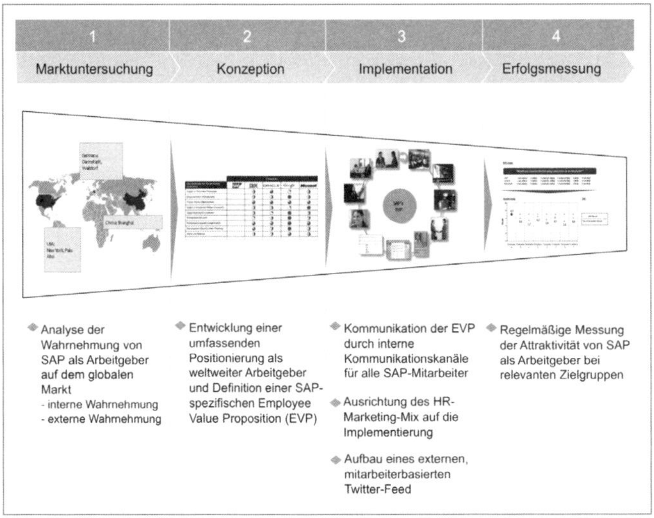

Abbildung 72: Der Prozess bei SAP im Überblick

Kein Big Bang

Wer nun den Start einer groß angelegten Kampagne erwartet hatte, wurde enttäuscht. Für Susanne Labonde standen andere Dinge im Fokus:

„Wir haben die neue Employer Value Proposition bisher eher soft eingeführt – da gab es keinen Big Bang. Viel wichtiger war für uns, dass wir unsere Value Proposition auch wirklich mit Leben füllen, also entsprechend erlebbar machen – für unsere Mitarbeiter, aber auch für die Bewerber. Daher haben wir großen Wert darauf gelegt, die Employer Value Proposition in alle Kommunikationsmaßnahmen zu integrieren und damit auch alle Berührungspunkte mit den Bewerbern abzudecken.“

Als Berührungspunkte mit potenziellen neuen Mitarbeitern wurden unter anderem die Präsenz an Universitäten, SAP-Veranstaltungen, Networking-Veranstaltungen, Werbeanzeigen, die Unternehmenswebseite, das E-Recruiting und das Einstellungsgespräch definiert. Die folgende Abbildung zeigt die Grundphilosophie der definierten Berührungspunkte. (Quelle: SAP)

Abbildung 73: Die definierten Berührungspunkte

Um den Employer Brand auch außerhalb der Personalabteilung und damit in den unterschiedlichsten Unternehmensbereichen zu verankern, waren von Beginn an auch Mitarbeiter aus allen Geschäftseinheiten und allen Ländern eingeladen, sich aktiv an der Entwicklung der Arbeitgebermarke zu beteiligen. Mittlerweile existiert eine interne Community mit rund 300 Mitarbeitern, die auf freiwilliger Basis daran mitarbeitet, SAP als herausragenden Arbeitgeber mitzugestalten.

3.7.2.4 Die Umsetzung des Erfolgsfaktors

Anstelle einer umfangreichen Werbekampagne sollte die Employer Value Proposition bei SAP also als wesentlicher Bestandteil in alle wichtigen Personalprozesse integriert und mit einer Stimme über alle Kanäle hinweg kommuniziert werden. Um diese Konsistenz über alle Berührungspunkte hinweg umzusetzen, hat SAP zahlreiche Maßnahmen getroffen.

Mitarbeiter twittern

So wurde beispielsweise die globale Karrierewebseite des Unternehmens aktualisiert und dem Look and Feel der Unternehmenshomepage angepasst. Im Rahmen dieser Karriereseite twittern heute rund 50 SAP-Mitarbeiter aus unterschiedlichen Ländern zu Themen rund um ihr Arbeitsleben. Diese Mitarbeiter haben sich im Vorfeld freiwillig gemeldet; sie wurden dann im Rahmen eines speziellen Trainings ausgebildet. In diesem Training erfuhren sie vor allem, welche Faktoren der Arbeitgebermarke wichtig sind und wie diese in ihren eigenen Worten kommuniziert werden können – ungefiltert, und damit glaubwürdig und authentisch. Die folgende Abbildung zeigt den Prozess des SAP Twitter Feed. (Quelle: SAP)

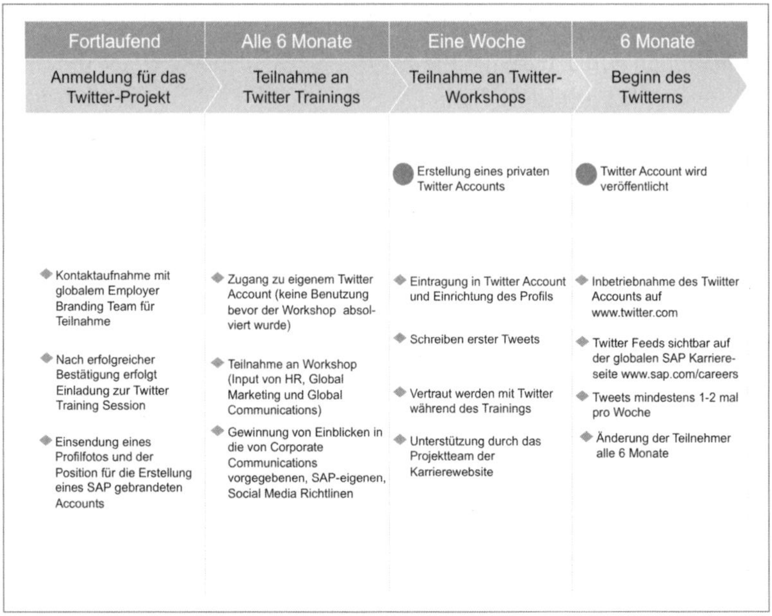

Abbildung 74: Der Prozess des SAP Twitter Feed

Styleguide

Stellenanzeigen wie Broschüren werden einheitlich und nach einem klar definierten Styleguide umgesetzt – auch und vor allem in Hinblick auf den Employer Brand. Bei Messeauftritten werden nicht nur eher digitale Werbemittel wie Touchscreens und Banner im Sinne der Arbeitgebermarke gestaltet, auch die zahlreichen Mitarbeiter werden umfänglich vorab gebrieft.

Employer Branding Toolbox

Eine ausführliche und intensive Vorbereitung durchlaufen auch Mitarbeiter, die beispielsweise an einer Universität einen Vortrag über SAP halten sollen. Materialien aus der sogenannten „Employer Branding Toolbox" helfen den Mitarbeitern, SAP nach außen einheitlich zu repräsentieren. In der Toolbox enthalten sind unter anderem Präsentationsvorlagen über SAP als attraktiven Arbeitgeber, Videos mit Statements von Mitarbeitern und Talking Points, also Argumentationshilfen, warum SAP ein guter Arbeitgeber ist. Diese Talking Points umfassen Botschaften bezüglich SAP als Unternehmen, aber auch rollenspezifische Argumentationshilfen. Die folgende Abbildung zeigt einen Ausschnitt aus dieser Toolbox. (Quelle: SAP)

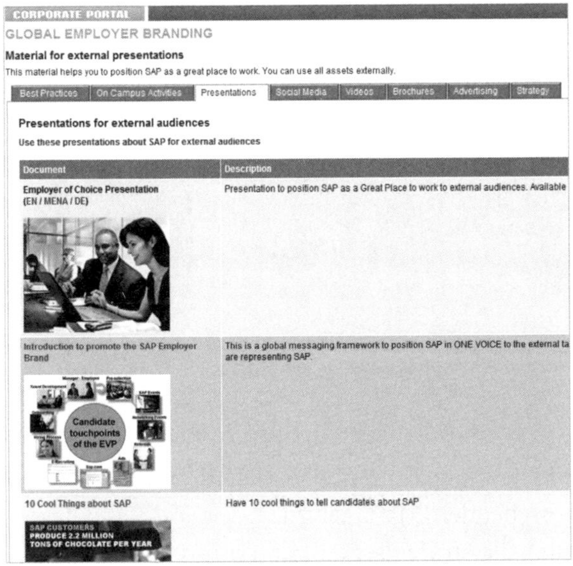

Abbildung 75: Die Employer Branding Toolbox für alle SAP-Mitarbeiter

Employer Branding für Führungskräfte

Gleiches gilt selbstverständlich auch für die Führungskräfte des Unternehmens. In enger Abstimmung mit Global Communications werden die zentralen Botschaften der Employer Value Proposition auch gezielt in Vorträge und öffentliche Auftritte des Top-Managements integriert – mit der entsprechenden Wirkung nach außen wie nach innen. Die folgende Abbildung zeigt eine Folie, die ins obligatorische Repertoire gehört, wenn SAP als Arbeitgeber vorgestellt wird. (Quelle: SAP)

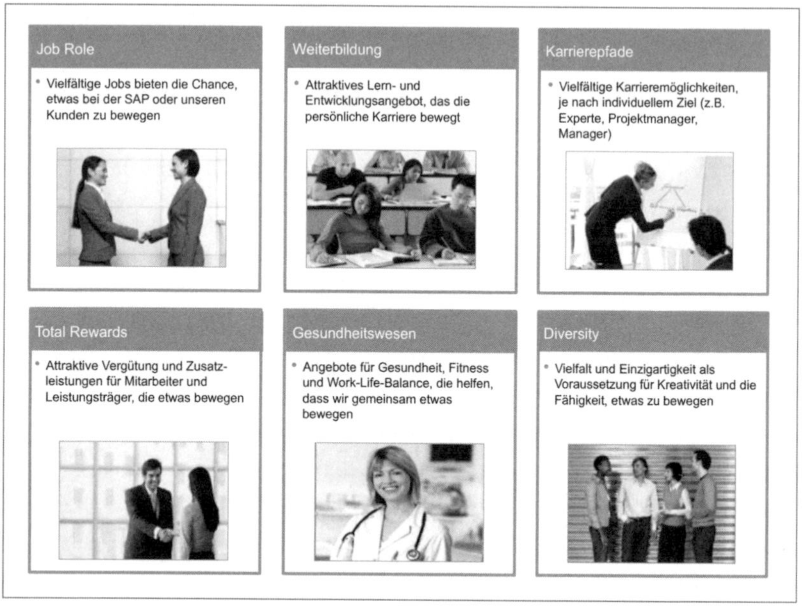

Abbildung 76: Die Vorzüge als Arbeitgeber auf einer Folie

Briefing der Recruiter und der einstellenden Manager

Eine wesentliche Bedeutung kommt aber sicherlich dem Briefing der Recruiter und einstellenden Manager zu. In einem „EVP-Training" lernen die Recruiter die strategischen Hintergründe kennen, ebenso die Positionierung von SAP am Arbeitsmarkt und die Bedeutung der Arbeitgebermarke. Erfolgreich pilotiert worden ist ein Trainingsmodul für die sogenannten „Hiring Manager", das künftig weltweit zum Einsatz kommen soll.

Daten und Fakten an die Hand geben

Alle Tool Kits, Trainings und Briefings sind für die Recruiter vor allem dann eine echte Hilfe, wenn sie ihnen möglichst konkrete Argumentationshilfen an die Hand geben. Susanne Labonde formuliert das folgendermaßen:

„Für unsere Recruiter haben wir beispielsweise einen Gesprächsleitfaden erstellt, in dem wir vorgeben, wie SAP nach außen dargestellt werden soll. Diese Behauptungen und Aussagen haben wir aber allesamt untermauert mit Daten und Fakten. Denn gerade in einem Geschäft, das so durch Daten und Fakten getrieben ist wie unseres, müssen Sie Ihre Behauptungen belegen. Ein griffiger Marketing-Slogan ist da zu wenig."

Mitarbeiter-Workshops

Um die Identifikation mit der Arbeitgebermarke schlussendlich bei jedem Mitarbeiter steigern zu können, aber auch um Multiplikationseffekte zu erzielen, tauschen sich Mitarbeiter an verschiedenen Standorten über die Inhalte der aktuellen EVP aus und veranstalten Workshops zur Validierung der EVP. Die Leiter dieser Workshops sind Mitarbeiter aus unterschiedlichen Abteilungen, die ebenfalls vorab ein Training zum Employer Branding besuchen. Für Susanne Labonde ist die Einbindung der Mitarbeiter ein wichtiger Erfolgsfaktor:

„Neben der engen Kooperation mit den Abteilungen Marketing und Unternehmenskommunikation braucht man ein paar wenige gute Ideen für Maßnahmen sowie Aktivitäten, an denen sich Mitarbeiter beteiligen können, die aktiv an der Vermarktung des Arbeitgebers mitarbeiten wollen. Zum einen ist dies der Garant für Authentizität und hat zusätzlich einen sehr positiven Effekt auf die Bindung zwischen Mitarbeiter und Unternehmen."

Im Kern des Employer Brandings bei SAP steht also letztlich die Frage, wie jeder einzelne Mitarbeiter motiviert werden kann, SAP als herausragenden Arbeitgeber zu vermarkten. Ein hohes Maß an Authentizität ist hier ein entscheidender Treiber, aber auch die Einsicht, dass ein Bewerber schon während der Recruiting-Phase deutlich mehr Berührungspunkte mit dem Unternehmen hat als lediglich mit einer Kampagne.

3.7.2.5 Das Ergebnis

Heute genießt SAP eine sehr gute Reputation als Arbeitgeber. Die U.S. Fortune hat SAP als eine der America's Most Admired Companies benannt, zum zweiten Mal als „top in Corporate Reputation Rankings" – und innerhalb der Top Five in der „Computer Software Kategorie". In Lateinamerika wurde SAP Mexiko zum zweiten Mal in Folge zu einem der besten Arbeitsplätze gekürt. In Europa hat das Great Place to Work Institute SAP Finnland und Dänemark als Employer of Choice erkannt und SAP den Germany's Best Employer Award in vier aufeinanderfolgenden Jahren verliehen.

Aber auch intern steht es gut um das Thema: 83 Prozent der SAP-Mitarbeiter sind stolz darauf, für SAP zu arbeiten. Und 77 Prozent der Mitarbeiter würden SAP als großartigen Arbeitgeber empfehlen. Schließlich zeigt sich die Zufriedenheit auch in der geringen Fluktuation. Nicht einmal sechs Prozent der Mitarbeiter verlassen jährlich das Unternehmen. Und zudem treten 95 Prozent der Bewerber, die von SAP ein Stellenangebot erhalten, die Stelle auch tatsächlich an.

4 Zusammenfassung

4.1 Arbeitsprinzipien der Umsetzung

Wenn alle Theorie durchdrungen ist und alle Beispiele erzählt sind, bleibt nur noch, den eigenen Weg zu finden. Unternehmen, die Employer Branding in ihrem Unternehmen als Disziplin, Linienfunktion oder Initiative starten wollen, finden hier zusammengefasst die sechs Arbeitsprinzipien der Umsetzung. Diese Prinzipien gelten für alle Erfolgsfaktoren gleichermaßen.

Konzentration

Die Konzentration auf Maßnahmen, die spürbar und sichtbar für potenzielle Kandidaten, das Recruiting-Team und die eigenen Mitarbeiter sind, hilft bei der Auswahl der Maßnahmen. Es kommt auf diejenigen Maßnahmen an, die den Unterschied ausmachen, also das größte Potenzial in sich tragen, die Distanz zwischen dem Ist-Zustand und dem Soll-Zustand zu schmälern oder gar aufzuheben.

Zielgerichtetheit

Der Phantasie sind keine Grenzen gesetzt, wenn es um Ideen für Maßnahmen geht. Dennoch gibt es nur ein einziges, einfaches und zugleich hartes Kriterium für die Auswahl der richtigen Maßnahmen: Eine Maßnahme ist dann maximal zielgerichtet und somit erfolgsversprechend, wenn sie auf eine maximale Anzahl von Treibern einzahlt. So kann Employer Branding fokussiert erfolgen, statt an allen Fronten gleichzeitig Energie und Kapazität zu binden.

Erfolge

Es reicht nicht, nur erfolgreich zu sein: Erfolge müssen auch kommuniziert werden. Quick Wins steigern Motivation und Engagement und generieren gleichermaßen Zustimmung und Beteiligung. Insofern sollte die Planung des Gesamtprogramms das Ernten der sogenannten „low hanging fruits“ auf einen besonders frühen Zeitpunkt terminieren. So können schnell und kalkulierbar Erfolge eingefahren werden, die dann als Succes Stories in die Organisation getragen werden können.[23]

Effizienz

Eine Employer-Branding-Initiative kann nur effizient sein, wenn das Rad nicht an allen Standorten des Unternehmens neu erfunden wird. Ein geringerer Aufwand für Standorte oder Länder entsteht durch Bündelung und Koordinierung von Aktivitäten aus der Zentrale heraus, aber auch durch das Angebot vorkonfektionierter Maßnahmenpakete, die dann schnell und kostengünstig landesspezifisch angepasst und umgesetzt werden können.

Kooperation

Hilfe, Ratschläge und Unterstützung zur Steigerung von Effizienz und Effektivität und für eine reibungslose Umsetzung sollten immer willkommen sein. Es kann nicht sein, dass die Kollegen, die Employer Branding im Unternehmen vorantreiben, per se immer alles besser wissen. Demut, Interesse und Offenheit helfen, flexibel zu bleiben und die eigenen Pläne und Realisierungen fortwährend zu optimieren und den tatsächlichen Gegebenheiten anzupassen.

Erfolgsmessung

Was auch immer man sich vornimmt: Die Bestimmung von Key Performance Indicators – sei es durch ein ausgeklügeltes System

---

[23] "Low hanging fruits" ist eine Metapher für leicht erzielbare Ergebnisse.

oder durch die pragmatische Bestimmung einer Handvoll Kennzahlen – hilft, den Erfolg umgesetzter Maßnahmen bezüglich Qualität und Wirkung nachzuweisen und so als Initiative ernst genommen zu werden. Dies ist wichtig, um langfristig Leistung einfordern zu können. Zudem ermöglicht das Monitoring der Kennzahlen als Controlling-Instrument die Nachjustierung von Maßnahmen und Vorgehensweisen.

Die folgende Abbildung fasst diese sechs Prinzipien nochmals zusammen.

Konzentration	Konzentration auf Maßnahmen, die den Unterschied machen
Zielgerichtetheit	Einzahlen auf mindestens einen der Treiber
Erfolge	Quick Wins und rasche Umsetzung geplanter Maßnahmen
Effizienz	Geringerer Aufwand durch Bündelung und Koordination
Kooperation	Hilfe, Ratschläge und Unterstützung annehmen
Erfolgsmessung	Bestimmung der KPIs zur Erfolgsmessung umgesetzter Maßnahmen

Abbildung 77: Die Arbeitsprinzipien von wirkungsvollem Employer Branding

4.2 Einführungsalternativen der Umsetzung

Jede Initiative kostet Geld, keine Frage. Daher macht es Sinn, gedanklich drei Einführungsszenarien unterschiedlicher Intensität miteinander zu vergleichen und zu überlegen: Welche Maßnahmen führen mit welchem Budget zu welchem Erfüllungsgrad der eigenen, unternehmensinternen Zielsetzung für Employer Branding? Die Darstellung sollte fünf Fragen für jedes Aktivitätsniveau/Einführungsszenario beantworten:

1. Was erreicht das Unternehmen mit dieser Option?
2. Was bedeutet diese Option für das Employer Branding?
3. Welche Maßnahmen sind dafür geplant?
4. Was kostet diese Option?
5. Wie viel Headcount muss dafür eingeplant werden?

Basierend auf der Beantwortung dieser Fragen lässt sich gezielt entscheiden, welches Ziel- und folglich auch Aktivitätsniveau angestrebt wird. Die folgende Abbildung zeigt eine Darstellungsmöglichkeit.

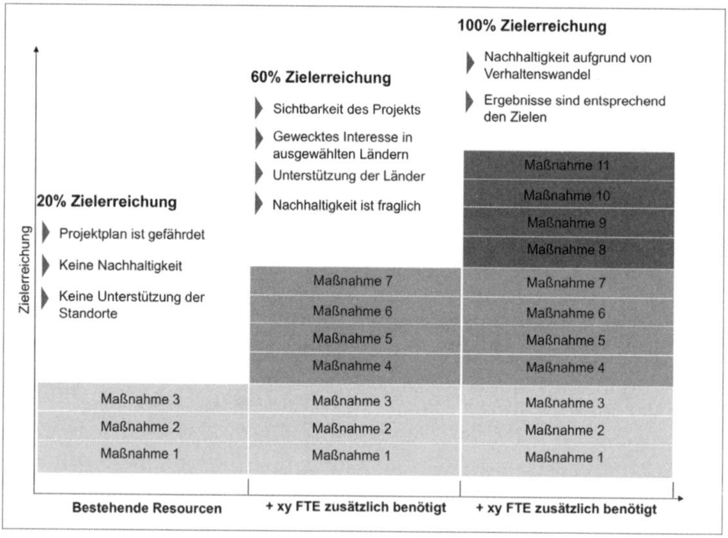

Abbildung 78: Die beispielhafte Darstellung der Einführungsoptionen

4.3 Übertragbarkeit der Ergebnisse

Wenn es darum geht, die Empfehlungen dieses Buches aufzugreifen, stellen sich unmittelbar drei Fragen: Gilt all das auch für andere Länder oder liegt der Fokus auf Deutschland, Österreich und der Schweiz? Gibt es Unterschiede bezüglich unterschiedlicher Unternehmensgrößen? Und sind die Methoden und Wirkungsweisen nicht von Branche zu Branche unterschiedlich? Diesen drei Fragen widmen sich die folgenden drei Kapitel.

4.3.1 Unterschiedliche Länder

Die grundsätzliche Methodik und auch die Erfolgsfaktoren gelten uneingeschränkt international. Zweierlei kann jedoch im weltweiten Vergleich variieren: Die Bedeutung des einzelnen Erfolgsfaktors und die Ausgestaltung der Umsetzung.

Ausgestaltung der Initiative

Wenn wir hier von verschiedenen Ländern sprechen, ist nicht Internationalität gemeint, sondern die kulturellen Unterschiede in Funktions- und Wirkungsweisen. Der Sonderfall der Internationalität wird in Kapitel 2 dieses Buches behandelt. Die Ausgestaltung der Umsetzung einer Employer-Branding-Initiative wird sich immer auch am jeweiligen Land orientieren müssen, denn kulturbedingt werden unterschiedliche Prioritäten und Bewertungen der Kandidaten zum Tragen kommen: Was in Europa als besonders attraktiv empfunden wird, muss in China noch lange nicht so bedeutsam sein. Dennoch ist die hier vorgeschlagene Vorgehensweise grundsätzlich und ohne Einschränkung länderübergreifend richtig und sinnvoll und die zunehmende Globalisierung sorgt für eine zunehmende Angleichung der länderspezifischen Sichtweisen auf den Umgang mit Talent.

4.3.2 Unterschiedliche Unternehmensgrößen

Relativ gesehen kann das Bedarfsvolumen zweier unterschiedlich großer Unternehmen das gleiche sein, dennoch werden Unternehmen ihr Budget immer in Abhängigkeit von ihrer Größe und damit ihres Umsatzes planen müssen. Während Großkonzerne mit ihren finanziellen Möglichkeiten im Employer Branding viele Wege zeitgleich beschreiten können und daher mit einer gewissen Wucht Präsenz auf dem Arbeits- und Bewerbermarkt erzeugen können, muss der Mittelstand kreativer und differenzierender vorgehen, um mit vergleichsweise geringen Mitteln der Maßnahmenflut der Konzerne etwas entgegenhalten zu können. Die große, mächtige und die kleine, feine Initiative: Beide haben ihren Charme, sowohl für die Verantwortlichen des Employer Branding im Unternehmen als auch für die Kandidaten. In Sachen Employer Branding ist die Unternehmensgröße also nicht erfolgskritisch, Mittelständler und Konzern konkurrieren auf Augenhöhe.

4.3.3 Unterschiedliche Branchen

Jede Branche hält sich etwas zu Gute auf ihre Andersartigkeit und ihre Spezifika. Tatsächlich ist in Bezug auf Employer Branding aber nur eines wirklich von Branche zu Branche verschieden: der konkrete Bedarf an Talenten. Insofern liegt der größte branchenübergreifende Unterschied in der Definition der Bewerberzielgruppe und dem daraus resultierenden konkreten Maßnahmenplan für das Employer Branding. Es gilt: Jede Branche mag anders sein, das Tauziehen um die Talente ist es nicht.

5 Appell

„In dir muss brennen, was du in anderen entzünden willst."

(Augustinus, 354–430 n. Chr., einer der bedeutendsten christlichen Kirchenlehrer und ein wichtiger Philosoph an der Epochenschwelle zwischen Antike und Mittelalter).

Unternehmen unserer Zeit werden gefordert wie nie zuvor: Weltweit sehen sie sich mit einer Vielzahl an dynamischen Einflussfaktoren konfrontiert, die sich nicht nur ihrer Kontrolle entziehen, sondern auch unkalkulierbare Wechselwirkungen hervorbringen. Insofern kann erfolgreiche Unternehmensführung heutzutage nur bedeuten, einerseits jene Faktoren zu managen, die das Unternehmen selbst beeinflussen kann, und sich andererseits um jene Risiken zu kümmern, die über ein Unternehmen unerwartet hereinbrechen können: von Naturkatastrophen bis hin zu hausgemachten Wirtschaftskrisen der eigenen Volkswirtschaft.

Zweierlei ist dabei sicher. Erstens: Die richtigen Menschen an Bord zu haben, hilft, diese duale Herausforderung der Unternehmensführung zu meistern. Und zweitens: Diese richtigen Menschen an Bord zu bekommen, liegt in der Hand der Unternehmen selbst. Insofern wird der Erfolg künftig jenen Unternehmen gehören, die die richtige Menge und die richtige Qualität der untrennbaren Ressourcen Mensch und Intelligenz zu ihrem tragenden Kapitalfaktor zählen dürfen.

Und wenn es etwas gibt, was uns Menschen über alle Epochen hinweg immer wieder angezogen hat – jenseits aller Methoden, Techniken und ausgeklügelten Systeme –, so war und ist das doch die Überzeugungskraft des Einzelnen. Augustinus hat recht: Am Anfang ist das Feuer, der Funke, der von einem Menschen zum anderen überspringt und die Begeisterung entfacht, die uns über uns hinauswachsen lässt, die uns Berge versetzen lässt, die uns befähigt, Unternehmen in den Erfolg zu führen. Nur wenn die Menschen in einem Unternehmen für etwas brennen, werden sie in anderen Menschen, in Kandidaten und Mitarbeitern, diese Flamme der Begeisterung entzünden können – für etwas, das größer ist als das eigene Selbst: für den Erfolg des Kollektivs, für den Erfolg eines Unternehmens.

Literaturverzeichnis

Barrow, S., Mosley, R., Internes Brand Management: Machen Sie Ihre Mitarbeiter zu Markenbotschaftern, 1. Aufl., Weinheim 2006.

Beck, Ch., Personalmarketing 2.0: Personalmarketing in der nächsten Stufe ist Präferenzmanagement, in: Personalmarketing 2.0, hrsg. von Beck, Ch., S. 9–57.

Berekoven, L., Zum Verständnis und Selbstverständnis des Markenwesens, in: Markenartikel heute, Heft 3, S. 35–48.

Chambers, E., Foulon, M., Handfield-Jones, H., Hankin, S., Michaels, E., The war for talent, in: The McKinsey Quarterly: The Online Journal of McKinsey & Co., www.mckinseyquarterly.com, 29.8.2007, S. 1–8.

Leipzig Graduate School of Management, Employer Branding Studie 2008, ein Kooperationsprojekt der Leipzig Graduate School of Management, des e-fellows.net (Stipendianten-Pool München), des TNS Infratest Instituts Bielefeld und des Medienpartners „DIE ZEIT“, Hamburg.

Maier, N., Erfolgreiche Personalgewinnung und Personalauswahl, 2. Aufl., Zürich 2009.

Müller-Örlinghausen, J. u. Schäfer, K., Mit Marke bei Bewerbern punkten, in: Personalwirtschaft, Heft 9, S. 40–42, 2005.

Petkovic, M., Employer Branding: ein markenpolitischer Ansatz zur Schaffung von Präferenzen bei der Arbeitgeberwahl, Hochschulschriften zum Personalwesen, Band 37, hrsg. von Hummel, Th., Knebel, H., Wagner, D., Zander, E., 2. Aufl., München und Mering 2008.

Schumacher, F., Geschwill, R., Employer Branding: Human Resources Management für die Unternehmensführung, 1. Aufl., Wiesbaden 2009.

Stotz, W., Wedel, A., Employer Branding – Mit Strategie zum bevorzugten Arbeitgeber, München 2009.

Wiese, D., Employer Branding: Arbeitgebermarken erfolgreich aufbauen, Saarbrücken 2005.

Abbildungsverzeichnis

Autoren

Dr. Katja Nagel

Dr. Katja Nagel studierte in Nürnberg Betriebswirtschaftslehre und promovierte später an der Ludwig-Maximilians-Universität. Mit fast 20 Jahren Unternehmenserfahrung in Konzernen in Sondersituationen und in der Kommunikationsberatung ist sie heute geschäftsführende Gesellschafterin von Cetacea. Ihre Stationen reichen von O2 (Leitung Kommunikation, Unternehmensentwicklung und Strategie, Programmleitung Integration & Culture Change nach Verkauf der Viag Interkom, Rebranding, Restrukturierung, strategisches Neuausrichtungsprogramm Customer Centricity, Leitung des internationalen Culture-Change-Programms für O2 Group) über T-Systems (Geschäftsleitung und Bereichsleitung Aufbau Account Management nach Übernahme Debis durch Deutsche Telekom) bis hin zu Siemens (Reorganisation, Change Management, Vorstandskommunikation, Top-Recruiting von Schlüsselpositionen, Leitung Marketing und Kommunikation eines Geschäftsgebietes, Account Management, Business Process Reengineering aller Kernprozesse für Country France).

Ihre Beratungsschwerpunkte sind Kommunikation in Veränderungsprozessen, Repositionierung, M&A, Restrukturierung und Rebranding, Culture Change sowie Executive Coaching & Beratung. Neben ihrer Beratertätigkeit ist Katja Nagel Dozentin an der Technischen Universität München für Executive Trainings, hält prüfungsrelevante Proseminare und Seminare an der Ludwig-Maximilians-Universität München und der Hochschule München.

Prof. Dr. Dres. h.c. Arnold Picot

Nach Abschluss einer bankkaufmännischen Lehre beim Bankhaus Burkhardt & Co in Essen studierte Arnold Picot an der Universität München Betriebswirtschaftslehre, ehe er dort promovierte und sich 1975 schließlich habilitierte. Nach Lehraufträgen an der Universität Hannover, an der Stanford University, USA, und an der Technischen Universität München wechselte er an die Ludwig-Maximilians-Universität München, wo er seit 1988 Mitglied der Fakultät für Betriebswirtschaft, des Instituts für Organisation und Management, ist. 1998 ernannte ihn die Bergakademie Freiberg zum Doktor rerum politicarum honoris causa. Vier Jahre später folgte die Verleihung des Doktor oeconomiae honoris causa durch die Universität St. Gallen.

Neben seiner Lehrtätigkeit hat Prof. Arnold Picot vielfältige Funktionen in der akademischen Selbstverwaltung inne und ist Vorsitzender des Hochschulrats der Leibniz Universität Hannover. Außerdem ist er Mitglied der Bayerischen Akademie für Wissenschaften und Gutachter für diverse Stiftungen, Forschungsfördereinrichtungen und Fachzeitschriften des In- und Auslands. Er sitzt verschiedenen Sachverständigengremien von Bundes- und Landesministerien vor. Zudem ist er Mitglied der Alcatel SEL Stiftung für Kommunikationsforschung, der Fraunhofer-Gruppe für Informations- und Kommunikationstechnik, des Medienbeirats der Bertelsmann Stiftung, des wissenschaftlichen Beirats des Fokus-Instituts und diverser anderer wissenschaftlicher Gesellschaften. Prof. Picot ist Mitherausgeber zahlreicher renommierter Fachzeitschriften wie Schmalenbachs Zeitschrift für betriebswirtschaftliche Forschung oder Information Management.